NAJBOLJŠA VEGANSKA KUHARSKA KNJIGA ZA CVRTNIKE

100 hitrih in enostavnih, zdravih obrokov za vaš cvrtnik

DARJA PAVLIČ

Avtorski material ©2023

Vse pravice pridržane

Nobenega dela te knjige ni dovoljeno uporabljati ali prenašati v kakršni koli obliki ali na kakršen koli način brez ustreznega pisnega soglasja založnika in lastnika avtorskih pravic, razen kratkih navedb, uporabljenih v pregledu. Ta knjiga se ne sme obravnavati kot nadomestilo za zdravniški, pravni ali drug strokovni nasvet.

KAZALO

KAZALO **3**
UVOD **6**
ZAJTRK IN MALICA **7**
   1. Enostavna domača granola 8
   2. Hašiš iz sladkega krompirja 10
   3. Luknje za krofe 12
   4. Osnovni krompir za zajtrk 14
   5. Tempeh in Veggie Scramble 16
   6. (Pan)torta za zajtrk 18
   7. Špinačna omleta 20
   8. Tempeh slanina 22
   9. Sendviči s slanino in jajci 24
   10. Zelenjava v stilu miso 26
PREDJEDI IN PRIGRIZKI **28**
   11. Čips iz sladkega krompirja v cvrtniku 29
   12. Kale čips iz zračnega cvrtnika 31
   13. Ribje palčke za cvrtnik 33
   14. Jabolčni čips 35
   15. Pečen Edamame v cvrtniku 37
   16. Ocvrta začinjena jabolka 39
   17. Slider in Bacon Bloody Marys 41
   18. Zelenjavni jajčni zvitki 43
   19. Krompirjev čips za žar 45
   20. Soy Curl krompirček 47
   21. Začinjen pomfrit 49
   22. Jalapeño Poppers 51
   23. Začinjene kroglice Mac 'n' Cheese 53
   24. Ocvrti zelenjavni Wontons 56
   25. Pikantna sojina omaka 58
   26. Ocvrt avokado 60
   27. Beany Jackfruit Taquitos 62
   28. Na zraku ocvrte preste 64
   29. Ocvrt tofu z arašidovo omako 67
   30. Panirane gobe 69
   31. Veganska krila 71
   32. Pečena čičerika na žaru 73
   33. Balzamični zeliščni paradižnik 75
   34. pastinakov krompirček 77
   35. Buffalo cvetača 79
   36. Sirni grižljaji polente s koprom 81

37. Pečen brstični ohrovt 84
38. Pražena želodova buča 86
39. Semena buč Tamari 88
40. Čebulni obročki 90
41. Maple Butternut Squash 92
42. Kale čips 94
43. Ocvrti zeleni paradižniki 96
44. Parmezan iz jajčevca 98
45. Mešani zelenjavni ocvrti 100
46. Krompirjeve rezine s sirom 102
47. Hasselback krompir 104
48. Poutine 106
49. Pomfrit iz sladkega krompirja 108
50. Umami krompirček 110

GLAVNA JED 112
51. Pesa s pomarančno gremolato 113
52. Losos z balzamično špinačo 115
53. Česnovo-zeliščna ocvrta polpetka 117
54. Gobovi zrezki 119
55. Gobova omaka iz belega fižola 121
56. Ohrovt in krompirjevi nuggets 123
57. Osnovni na zraku ocvrt tofu 125
58. Mongolski tofu 127
59. Tofu s sezamovo skorjico 129
60. Sambal Goreng Tempeh 131
61. Tempeh ražnjiči 133
62. Pečen Gigante fižol 135
63. Osebne pice 137
64. Ocvrte hrenovke 139
65. Corn Dogs 141
66. Polnjen pečen krompir 144
67. Ocvrt stročji fižol in slanina 146
68. Pečeni špageti 148
69. Mesne kroglice 150
70. Pečen sejtan na piščančji način 152
71. Mešanica suhega seitana 154
72. Chick'n-Fried Steak 156
73. Chick'n Pot Pie 159
74. Ocvrti takosi 162
75. Gurmanski sir na žaru 164
76. Pečena čičerika in brokoli 166
77. Seitan Fajitas 168
78. Taco solata 170
79. Ocvrti riž Tempeh 172

80. Soy Curl Kimchee Spomladanski zvitki 174
81. Enolončnica za lazanjo 176
82. Krompir, kalčki in sojini kodri 178
83. Calzone 180
84. Ocvrti suši zvitki 182

PRILOGE 184
85. Cvrtnik cvetača 185
86. Jicama krompirček 187
87. Zelenjavni ražnjiči 189
88. Špageti Squash 191
89. Kumarična solata iz kvinoje 193
90. Limetin krompir 195
91. Jajčevci v azijskem slogu 197
92. Začinjen stročji fižol na kitajski način 199
93. Zeliščna mešanica jajčevcev in bučk 201
94. Kuhan Bok Choy 203

SLADICA 205
95. Fruit Crumble 206
96. Žepki iz sadnega peciva 208
97. Pečena jabolka 210
98. Karameliziran preliv iz sadja in oreščkov 212
99. Ocvrti ingverji 214
100. Jabolčna pita Taquitos 216

ZAKLJUČEK 218

UVOD

Dobrodošli v «Najboljša veganska kuharska knjiga za cvrtnike», ki je vaš vir za 100 hitrih in enostavnih, zdravih obrokov, ki bodo popestrili vašo izkušnjo cvrtja na zraku. Ta kuharska knjiga je praznik rastlinske okusnosti in vas vabi, da raziščete vsestranskost in priročnost cvrtnika pri pripravi zdravih veganskih obrokov. Ne glede na to, ali ste izkušen veganski kuhar ali se šele spoznate na rastlinski način življenja, so ti recepti oblikovani tako, da vas navdihnejo pri ustvarjanju okusnih in hranljivih jedi z močjo vašega cvrtnika.

Predstavljajte si kuhinjo, polno cvrčečih zvokov vašega cvrtnika, vabljive arome popolnoma hrustljave zelenjave in veselja ob zavedanju, da ustvarjate obroke, ki niso le okusni, temveč tudi hranljivi. «Najboljša veganska kuharska knjiga za cvrtnike» je več kot le zbirka receptov; je vodnik, kako narediti kuhanje na rastlinski osnovi dostopno, učinkovito in neverjetno okusno. Ne glede na to, ali hrepenite po hrustljavih prigrizkih, obilnih glavnih jedeh ali prijetnih sladicah, je ta kuharska knjiga vaš potni list za vegansko kulinarično odličnost s čarobnostjo cvrtnika.

Od klasične na zraku ocvrte zelenjave do inovativnih rastlinskih hamburgerjev in sladic brez krivde, vsak recept je praznovanje zdravju prijaznih in okusnih možnosti, ki jih cvrtnik prinaša v vašo kuhinjo. Ne glede na to, ali kuhate zase, za svojo družino ali zabavate goste, bodo ti hitri in enostavni recepti predstavili okusen svet veganske kuhinje, ocvrte na zraku.

Pridružite se nam, ko se podajamo na kulinarično pustolovščino skozi «Najboljša veganska kuharska knjiga za cvrtnike», kjer je vsaka kreacija dokaz o preprostosti, zdravju in slastnosti rastlinskih užitkov, ocvrtih na zraku. Torej, prižgite svoj cvrtnik, sprejmite enostavnost veganskega kuhanja in potopimo se v 100 hitrih in preprostih, zdravih obrokov, ki bodo zadovoljili vaše brbončice in nahranili vaše telo.

ZAJTRK IN MALICA

1. Enostavna domača granola

SESTAVINE:
- 2 skodelici (220 g) sesekljanih orehov pekan
- 1 skodelica (85 g) ponaredkov kokosa
- 1 skodelica (122 g) narezanih mandljev
- 1 čajna žlička (2,6 g) cimeta
- 1 žlica (18 g) kokosovega olja v spreju

NAVODILA:
a) V veliki skledi zmešajte orehe pekan, kokosove kosmiče, narezane mandlje in mleti cimet.
b) Rahlo popršite s kokosovim oljem v razpršilu, premešajte in ponovno rahlo popršite.
c) Košaro cvrtnika obložimo s papirjem za peko.
d) Zmes vlijemo v košarico.
e) Kuhajte na 160ºC, 4 minute, premešajte in kuhajte še 3 minute.

2. Hašiš iz sladkega krompirja

SESTAVINE:
- 450 gramov sladkega krompirja
- 1/2 bele čebule, narezane na kocke
- 3 žlice oljčnega olja
- 1 čajna žlička prekajene paprike
- 1/4 čajne žličke kumine
- 1/3 čajne žličke mlete kurkume
- 1/4 čajne žličke česnove soli
- 1 skodelica guacamola

NAVODILA:
a) Enoto predhodno segrejte tako, da izberete način CVRTJE NA ZRAKU za 3 minute pri 325 stopinjah F.
b) Za začetek postopka predgretja izberite START/PAVZA.
c) Ko je predgretje končano, pritisnite START/PAVZA.
d) Krompir olupimo in narežemo na kocke.
e) Sedaj pa krompir prestavimo v skledo in dodamo olje, belo čebulo, kumino, papriko, kurkumo in česnovo sol.
f) To mešanico dajte v košaro Air Fryerja.
g) Nastavite ga na način AIR FRY za 10 minut pri 390 stopinjah F.
h) Nato vzemite košaro in jih dobro pretresite.
i) Nato znova nastavite čas na 15 minut pri 390 stopinjah F.

3. Luknje za krofe

SESTAVINE:
- 2 žlici hladnega nemlečnega masla
- 1/2 skodelice plus 2 žlici kokosovega sladkorja, razdeljeno
- 1 žlica jajčnega nadomestka znamke Ener-G v prahu ali vaš najljubši veganski nadomestek jajčnega rumenjaka
- 2 žlici vode
- 2 1/4 skodelice nebeljene večnamenske moke
- 1 1/2 žličke pecilnega praška
- 1 čajna žlička soli
- 1/2 skodelice navadnega ali vanilijevega nemlečnega jogurta
- 1 do 2 brizgi repičnega olja
- 1 čajna žlička mletega cimeta

NAVODILA:
a) V veliki skledi zmešajte maslo in 1/2 skodelice sladkorja ter z rokami dobro premešajte, dokler ne nastanejo grudice.
b) V majhni skledi ali skodelici zmešajte jajčni nadomestek z vodo. Dodamo jo k maslu in sladkorju ter dobro premešamo. Dati na stran.
c) V srednji skledi zmešajte moko, pecilni prašek in sol.
d) Masleni mešanici dodajte mešanico moke in dobro premešajte. Zložite jogurt. Mešajte, dokler ne nastane testo.
e) Kose testa razvaljajte v 18 (1-palčnih) kroglic in jih razporedite na velik pekač ali kos pergamentnega papirja.
f) Cvrtnik namažite z oljem. Predgrejte cvrtnik na 360 °F za 3 minute. Prenesite luknje za krofe v košaro cvrtnika. Kuhajte 8 minut, polovico časa kuhanja stresajte.
g) Na krožniku zmešajte preostali 2 žlici sladkorja in cimet. Vroče luknjice za krofe rahlo povaljajte v cimetovem sladkorju, preden jih prestavite na rešetko za peko, da se ohladijo.

4.Osnovni krompir za zajtrk

SESTAVINE:
- 2 večja rdeča ali rdečerjava krompirja, očiščena
- 1 majhna rumena čebula, narezana na polmesečne rezine (čebulo po dolžini prerežite na pol in nato narežite vzdolž črte čebule)
- 1 čajna žlička ekstra deviškega oljčnega olja ali olja oljne repice
- 1/2 čajne žličke morske soli (neobvezno)
- 1/4 čajne žličke črnega popra

NAVODILA:
a) Predgrejte cvrtnik na 360 °F za 3 minute. Krompir nasekljajte v kuhinjskem robotu ali strgalu za sir z velikimi luknjicami.
b) Narezan krompir in čebulo prenesite v srednje veliko skledo. Dodajte olje, sol (če uporabljate) in poper. Premešajte s kleščami za plašč.
c) Prenesite v košaro cvrtnika. Kuhajte 12 do 15 minut ali do zlato rjave barve in vsake 3 minute pretresite. Postrezite toplo.

5. Tempeh in Veggie Scramble

SESTAVINE:
- 8 unč tempeha
- 2 stroka česna, nasekljana
- 1 čajna žlička mlete kurkume
- 1 čajna žlička mlete kumine
- 1/2 čajne žličke čilija v prahu
- 1/2 čajne žličke črne soli
- 1/4 do 1/2 skodelice zelenjavne juhe z nizko vsebnostjo natrija
- 1 do 2 brizgi ekstra deviškega oljčnega olja
- 1 skodelica grobo narezanih gob cremini (ali vaše najljubše gobe)
- 1 majhna rdeča čebula, narezana na četrtine
- 1/2 skodelice grobo sesekljane paprike (poljubne barve)
- 1/2 skodelice narezanega češnjevega ali grozdnega paradižnika

NAVODILA:

a) Tempeh kuhajte na pari 10 minut. (Ta korak ni obvezen, vendar sem velik oboževalec kuhanja tempeha na pari vnaprej, da se lažje napije marinade, ukroti njegova grenkoba in nekoliko zmehča njegova tekstura.) Tempeh narežite na 12 enakih kock.

b) V plitvi skledi zmešajte česen, kurkumo, kumino, čili v prahu, črno sol in juho. Dodajte tempeh, kuhan na pari, in marinirajte najmanj 30 minut ali celo noč.

c) Košaro cvrtnika popršite z oljem (lahko tudi obrišite košaro z oljem). Odcedite tempeh in ga dodajte v košarico cvrtnika. Dodajte gobe, čebulo in papriko.

d) Kuhajte pri 330°F 10 minut. Dodajte paradižnik, povečajte toploto na 390 °F in kuhajte še 3 minute.

e) Služi: 4

f) Možnost brez olja: izpustite oljčno olje in ga pogosto pretresite, da se ne sprime.

6.(Pan)torta za zajtrk

SESTAVINE:
- 1/2 skodelice nebeljene večnamenske moke
- 2 žlici kokosovega sladkorja ali kristalnega sladkorja
- 1 žlica pecilnega praška
- 1 do 2 ščepca morske soli
- 1/2 skodelice sojinega ali drugega nemlečnega mleka
- 1 žlica jabolčnega omaka
- 1/4 čajne žličke vanilijevega ekstrakta
- 1 do 2 brizga ekstra deviškega oljčnega olja v spreju

NAVODILA:
a) V skledi za mešanje zmešajte moko, sladkor, pecilni prašek in sol. Počasi vmešajte mleko, jabolčno omako in vanilijev ekstrakt.
b) Predgrejte cvrtnik na 330 °F za 3 minute. Namastite 8-palčni vzmetni pekač (ali posodo, primerno za pečico po vaši izbiri) z razpršilom oljčnega olja.
c) Testo vlijemo v pripravljen pekač. Kuhajte pri 330°F 10 minut. Pripravljenost preverite tako, da v sredino zapičite zobotrebec - ven mora izpasti suh. Po potrebi kuhajte še 2 do 4 minute.
d) Služi: 2
e) Možnost brez olja: izpustite olivno olje in pekač obložite s pergamentnim papirjem (papir ne sme biti izpostavljen).
f) Podvojite ali potrojite ta recept in hranite testo v nepredušni posodi (odličen je zidani kozarec) v hladilniku. Naslednji dan boste pripravljeni znova!

7.Špinačna omleta

SESTAVINE:

- 1 skodelica ledeno mrzle vode
- 4 žlice Follow Your Heart VeganEgg
- 2 žlici čičerikine moke
- 1/4 čajne žličke črne soli
- 1 čajna žlička Vegan Magic ali DIY "Vegan Magic"
- 1/2 skodelice drobno sesekljane rdeče paprike
- 1/2 skodelice drobno sesekljane rumene čebule
- Sveže mleti črni poper
- 2 skodelici ohlapno pakirane mlade špinače

NAVODILA:

a) V mešalniku zmešajte vodo, vegansko jajce, moko in sol ter mešajte do gladkega. Dati na stran.

b) Dodajte Vegan Magic v pekač, ki bo primeren za vaš cvrtnik. Pekač postavite v cvrtnik in ga segrevajte na 390°F 3 minute.

c) Zmes za omleto vlijemo v pekač in kuhamo 2 minuti pri 390°F. Dodajte papriko in čebulo, ju vmešajte v zmes za omleto in kuhajte še 3 minute.

d) Zaustavite stroj, da dodate poper in špinačo v omleto. Omleto prepognite na pol in kuhajte še 5 minut pri 390°F. Razrežite na 2 porciji:.

8.Tempeh slanina

SESTAVINE:
- 8 unč tempeha
- 2 žlici javorjevega sirupa
- 1 čajna žlička avokadovega olja ali ekstra deviškega oljčnega olja
- 1/2 čajne žličke veganske Worcestershire omake, tamari ali sojine omake
- 1/8 žličke tekočega dima
- 1/2 čajne žličke kajenskega popra

NAVODILA:
a) Tempeh kuhajte na pari 10 minut. (Ta korak ni obvezen, a če želite izvedeti, zakaj ga priporočam, glejte tukaj .) Tempeh prenesite v plitvo skledo.
b) V majhni skledi zmešajte javorjev sirup, olje, Worcestershire omako, tekoči dim in kajensko papriko ter mešajte, dokler se dobro ne premeša. Tempeh prelijemo z marinado in mariniramo vsaj 1 uro (bolje čez noč).
c) Rezine tempeha položite v košaro cvrtnika. Kuhajte 10 minut pri 330°F. Po 5 minutah pretresite. Povečajte toploto na 390 °F in kuhajte še 3 minute.
d) Porcije: 8 kosov
e) Možnost brez olja: izpustite avokadovo olje.

9.Sendviči s slanino in jajci

SESTAVINE:
- 1 paket (16 unč) ekstra trdega tofuja
- 1/2 skodelice sojinega mleka
- 1/4 skodelice plus 2 žlici prehranskega kvasa
- 2 čajni žlički plus 1 čajna žlička mlete kurkume
- 1 čajna žlička česna v prahu
- 1/2 čajne žličke črne soli
- 3 žlice nebeljene večnamenske moke
- 1 žlica krompirjevega škroba
- 2 do 4 brizgi olja oljne repice v spreju
- 4 trakovi tempeh slanine ali veganske slanine, kupljene v trgovini
- 4 ocvrti piškoti ali veganski piškoti, kupljeni v trgovini

NAVODILA:
a) Odcedite in pretlačite tofu.
b) Tofu narežemo na 4 enake kose. Nato vsak kos prerežite na pol, za skupaj 8 rezin.
c) V majhni skledi zmešajte mleko, prehranski kvas, kurkumo, česen v prahu in črno sol, dokler se ne združijo. Dati na stran.
d) Na velikem krožniku za poglabljanje zmešajte moko in krompirjev škrob. Vsak kos tofuja potopite v mlečno mešanico. Nato vsak kos rahlo premažemo z mešanico moke.
e) Košaro cvrtnika popršite z oljem oljne repice. Obložene koščke tofuja položite v košarico in rahlo popršite vrh tofuja. Kuhajte pri 360°F 6 minut. Rezine tofuja obrnite in kuhajte še 6 minut. Na vsak biskvit položimo dve tofu jajci in en kos veganske slanine.
f) Služi: 4
g) Različica: Špinačno omleto uporabite kot alternativo tofu jajcem.
h) Možnost brez olja: prvih 5 minut kuhanja začnite s pergamentnim papirjem ali folijo. Pazite, da koščke tofuja zelo rahlo premažete z mešanico moke in škroba, saj lahko na koncu ostanejo bele lise moke namesto enakomerne zlato rjave zunanjosti.

10. Zelenjava v stilu miso

SESTAVINE:
- 1 žlica belega misa
- 2 žlici sojine omake
- 2 žlici riževega kisa
- 1 čajna žlička sezamovega olja (neobvezno)
- 2 skodelici drobno sesekljanega korenja
- 2 skodelici cvetov brokolija
- 1/2 skodelice drobno sesekljane redkve daikon

NAVODILA:
a) V majhni skledi zmešajte miso, sojino omako, kis in sezamovo olje (če ga uporabljate). Dobro premešaj.
b) V veliki skledi za mešanje zmešajte korenje, brokoli in daikon. Zmes miso prelijte čez zelenjavo in premešajte s kleščami, da se popolnoma prekrije. Predgrejte cvrtnik na 330 °F za 5 minut.
c) Zelenjavo prenesite v košaro cvrtnika in kuhajte 25 minut, vsakih 5 minut pretresite.

PREDJEDI IN PRIGRIZKI

11. Čips iz sladkega krompirja v cvrtniku

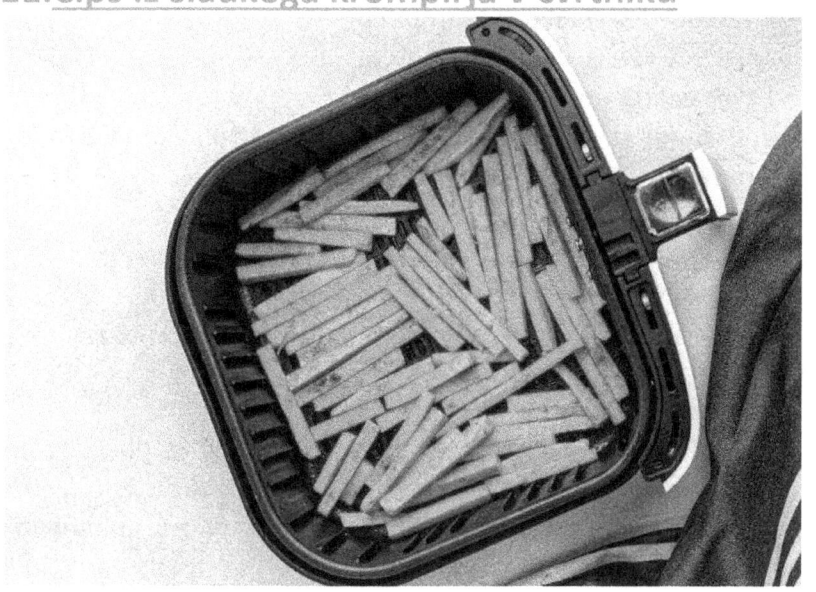

SESTAVINE:
- 1 ½ skodelice sladkega krompirja
- 2 srednje velika sladka krompirja
- 1 žlica ekstra deviškega oljčnega olja
- Uporabite lahko 2 žlici organskega rjavega sladkorja, svetlega ali temnega
- 2 žlički čilija v prahu
- 1 čajna žlička mlete kumine
- ½ čajne žličke soli

NAVODILA:
a) Tanko narežite sladki krompir.
b) Prelijte v skledo z oljem, tako da je vsaka rezina sladkega krompirja rahlo prevlečena. Če želite, lahko uporabite roke.
c) V majhni skledi zmešajte rjavi sladkor, čili v prahu, kumino in sol.
d) Če je iz sladkega krompirja med sedenjem pritekla voda, jo lahko odlijete.
e) Začimbno mešanico potresite po sladkem krompirju in premešajte tako, da ima vsaka rezina začimbe. So rahlo premazani kot na zgornji fotografiji.
f) Sladki krompir položite v eno plast v cvrtnik tako, da se malo dotika ali prekriva. Če imate v cvrtniku mešalno ročico, jo morate odstraniti.
g) Cvrete na zraku pri 180 °C (356 °F) 6 do 9 minut, odvisno od tega, kako tanke so vaše rezine.
h) Pretresite košaro do polovice ali rahlo premešajte, da jih odstranite z dna zračnega cvrtnika.
i) Ko končate, odstranite čips na hladilno stojalo in pustite, da se ohladi. Ko se ohladijo, postanejo bolj hrustljavi.
j) Končano in pojejte ali shranite v nepredušni posodi.

12. Kale čips iz zračnega cvrtnika

SESTAVINE:
- 1 serija kodrastega ohrovta, opranega in popivnanega
- 2 žlički olivnega olja
- 1 žlica prehranskega kvasa
- ¼ čajne žličke morske soli
- 1/8 čajne žličke mletega črnega popra

NAVODILA:
a) Odstranite liste s stebel ohrovta in jih položite v srednje veliko skledo.
b) Dodamo olivno olje, prehranski kvas, sol in poper. Z rokami vmasirajte prelive v ohrovtove liste.
c) Ohrovt nalijte v košarico cvrtnika in kuhajte pri 390 stopinjah F 67 minut ali dokler ne postane hrustljav.
d) Postrezite toplo ali pri sobni temperaturi.

13. Ribje palčke za cvrtnik

SESTAVINE:
- 1 lb bele ribe, kot je trska
- ¼ skodelice majoneze
- 2 žlici dijonske gorčice
- 2 žlici vode
- 1 ½ skodelice panko s svinjsko skorjo, kot je Pork King Good
- ¾ čajne žličke začimbe Cajun
- Sol in poper po okusu

NAVODILA:
a) Stojalo za cvrtnik poškropite s pršilom za kuhanje proti prijemanju.
b) Ribo osušite in narežite na palčke, široke približno 1 krat 2 centimetra.
c) V majhni plitvi skledi zmešajte majonezo, gorčico in vodo. V drugi plitvi skledi skupaj zmešajte svinjske olupke in začimbo Cajun.
d) Solimo in popramo po okusu.
e) Delajte z enim kosom ribe naenkrat, potopite v mešanico majoneze, da jo prekrijete, in nato odstranite presežek.
f) Potopite v mešanico svinjske skorje in premešajte. Postavite na rešetko cvrtnika.
g) Nastavite na Air Fry pri 400 F in pecite 5 minut, ribje palčke obrnite s kleščami in pecite še 5 minut. Postrezite takoj.

14. Jabolčni čips

SESTAVINE:
- 2 jabolki, narezani na tanke rezine
- 2 žlički granuliranega sladkorja
- 1/2 čajne žličke cimeta

NAVODILA:
a) V veliko skledo stresite jabolko s cimetom in sladkorjem. Če delate v serijah, položite jabolka v eno plast v košaro cvrtnika (nekaj prekrivanja je v redu).
b) Pečemo pri 350° približno 12 minut, vsake 4 minute jih obrnemo.

15. Pečen Edamame v cvrtniku

SESTAVINE:
- 2 skodelici Edamame ali zamrznjenega Edamame
- Olivno olje v spreju
- Česnova sol

NAVODILA:
a) Edamame postavite v košaro cvrtnika, ta je lahko svež ali zamrznjen.
b) Premažemo z olivnim oljem in kančkom česnove soli.
c) Cvremo na zraku pri 390 stopinjah 10 minut.
d) Po želji premešajte na polovici časa kuhanja. Za hrustljav, pražen okus pražite na zraku dodatnih 5 minut.
e) Postrezite.

16.Ocvrta začinjena jabolka

SESTAVINE:
- 4 majhna jabolka, narezana
- 2 žlici kokosovega olja, stopljenega
- 2 žlici sladkorja
- 1 čajna žlička začimbe za jabolčno pito

NAVODILA:
a) Jabolka položite v skledo. Pokapljamo s kokosovim oljem in potresemo s sladkorjem in začimbami za jabolčno pito. Mešajte, da se jabolka enakomerno prekrijejo.
b) Jabolka položite v majhno ponev, ki je narejena za cvrtnike, in jo nato položite v košaro.
c) Cvrtnik nastavite na 350° za 10 minut. Jabolka preluknjajte z vilicami, da so mehka.
d) Po potrebi postavite nazaj v cvrtnik za dodatnih 3-5 minut.

17. Slider in Bacon Bloody Marys

SESTAVINE:
- 2 (1/2-palčni debeli) rezini Gimme Lean Sausage ali Baked Chick'n-Style Seitan
- 2 rezini tempeh slanine ali veganske slanine, kupljene v trgovini
- 6 do 8 unč veganske mešanice Bloody Mary
- 2 do 4 unče vodke (neobvezno)
- 2 rebri zelene
- 2 veganski žemljici
- 2 do 4 izkoščičene zelene olive ali rezine limete (neobvezno)
- 2 rezini sladkih ali koprovih kislih kumaric ali češnjevih paradižnikov (neobvezno)

NAVODILA:
a) Rezine klobase položite v košaro cvrtnika. Dodajte slanino. Kuhajte pri 370°F 6 minut.
b) Uporabite mešanico Bloody Mary in vodko (če jo uporabljate) za mešanje vaše najljubše odrasle ali deviške Bloody Mary. Bodite prepričani, da uporabite kozarec, ki vsebuje vsaj 12 unč tekočine (mason jar je zabavna možnost). Vsakemu napitku dodajte rebro zelene.
c) Kuhane klobase sestavimo na žemljice in jih prebodemo z nabodalom. Če uporabljate olive in kumarice, jih dodajte tudi na nabodala. V vsako pijačo postavite nabodala, tako da jih naslonite na robove kozarcev. Vsakemu Bloody Mary dodajte trak kuhane slanine.

18.Zelenjavni jajčni zvitki

SESTAVINE:
- 1 do 2 čajni žlički olja oljne repice
- 1 skodelica narezanega zelja
- 1 skodelica naribanega korenja
- 1 skodelica fižolovih kalčkov
- 1/2 skodelice drobno sesekljanih gob (poljubne vrste)
- 1/2 skodelice narezanih kapesant
- 2 žlički čilijeve paste
- 1/2 čajne žličke mletega ingverja
- 1/4 skodelice sojine omake z nizko vsebnostjo natrija ali tamarija
- 2 čajni žlički krompirjevega škroba
- 8 veganskih jajčnih zavitkov

NAVODILA:
a) V veliki ponvi segrejte olje na srednje močnem ognju. Dodajte zelje, korenje, fižolove kalčke, gobe, mlado čebulo, čilijevo pasto in ingver. Pražimo 3 minute.
b) V majhni skledi ali merilni skodelici zmešajte sojino omako in krompirjev škrob. To zmes vlijemo v ponev in zmešamo z zelenjavo.
c) Zavitke jajčnih zvitkov položite na delovno površino. Robove rahlo namažite z vodo. Na en konec ovoja položite 1/4 skodelice nadeva. Ovoj začnite zvijati čez zelenjavo, tako da konce zavihate po prvem zvitku. Ta postopek ponovite s preostalimi ovitki in nadevom.
d) Prenesite jajčne zvitke v košaro cvrtnika. Kuhajte pri 360°F 6 minut in na polovici časa kuhanja stresajte.

19. Krompirjev čips za žar

SESTAVINE:
- 1 velik rdečerjav krompir
- 1 čajna žlička paprike
- 1/2 čajne žličke česnove soli
- 1/4 čajne žličke sladkorja
- 1/4 čajne žličke čebule v prahu
- 1/4 čajne žličke čipoleta ali čilija v prahu
- 1/8 čajne žličke morske soli
- 1/8 čajne žličke mlete gorčice
- 1/8 čajne žličke kajenskega popra
- 1 čajna žlička repičnega olja
- 1/8 žličke tekočega dima

NAVODILA:
a) Krompir operemo in olupimo. Narežite na tanke, 1/10-palčne rezine; razmislite o uporabi rezalnika za mandolino ali rezila rezalnika v kuhinjskem robotu, da dosežete enakomerne rezine.
b) Veliko skledo napolnite s 3 do 4 skodelicami zelo hladne vode. Rezine krompirja preložimo v skledo in jih namakamo 20 minut.
c) V majhni skledi zmešajte česnovo sol, sladkor, čebulo v prahu, chipotle v prahu, morsko sol, gorčico in kajensko papriko.
d) Rezine krompirja oplaknite in odcedite ter jih osušite s papirnato brisačo. Prenesite jih v veliko skledo. V skledo dodajte olje, tekoči dim in mešanico začimb. Premešajte na plašč. Krompir prenesite v košaro cvrtnika.
e) Kuhajte pri 390°F 20 minut. Pretresite vsakih 5 minut, da spremljate napredek. Želite rjav, a ne zažgan čips. Pojejte jih takoj!

20.Soy Curl krompirček

SESTAVINE:

- 1 skodelica suhih sojinih kodrov
- 1 skodelica vroče veganske piščančje juhe
- 1/2 čajne žličke čilija v prahu
- 1 čajna žlička rjave riževe moke
- 1 čajna žlička koruznega škroba
- 1 čajna žlička avokadovega olja (ali navadnega avokadovega olja in 1/2 čajne žličke prahu čipota)

NAVODILA:

a) Rehidrirajte sojine kodre v vroči juhi 10 minut. Sojine kodre odcedite in jih nežno potlačite s kleščami, da odstranite odvečno tekočino.

b) Odcejene sojine kodre prenesite v veliko skledo. Dodajte čili v prahu, moko, koruzni škrob in olje. Mešajte, dokler ni dobro prevlečen.

c) Sojine kodre prenesite v cvrtnik in kuhajte pri 390°F 8 minut, na polovici časa kuhanja pa stresajte.

21.Začinjen pomfrit

SESTAVINE:
- 2 velika rdečerjava krompirja, očiščena
- 1 žlica avokadovega olja ali ekstra deviškega oljčnega olja
- 1 čajna žlička posušenega kopra
- 1 čajna žlička posušenega drobnjaka
- 1 čajna žlička posušenega peteršilja
- 1 čajna žlička kajenskega popra
- 2 žlici čičerikine, sojine, ajdove ali prosene moke

NAVODILA:
a) Krompir narežite na 1/4-palčne rezine, nato pa rezine narežite na 1/4-palčne trakove. Pomfri prenesite v veliko skledo in ga pokrijte s 3 do 4 skodelicami vode. Pomfri namakajte 20 minut. Odcedite, sperite in posušite.
b) Krompir vrnite v skledo. Dodajte avokadovo olje, koper, drobnjak, peteršilj, kajensko papriko in moko. Mešajte, dokler ni dobro prevlečen.
c) Predgrejte cvrtnik na 390 °F za 3 minute. Prenesite obložen krompir v košaro cvrtnika. Kuhajte 20 minut, polovico časa kuhanja stresajte.

22. Jalapeño Poppers

SESTAVINE:
- 8 velikih jalapeñosov
- 1 skodelica nemlečnega kremnega sira
- 1/4 skodelice drobno sesekljane čebule
- 1 skodelica nezačinjenih suhih krušnih drobtin
- 2 žlički posušenega mehiškega origana
- 1/2 čajne žličke sveže mletega črnega popra
- 1/2 do 1 čajna žlička soli ali po okusu
- 2 do 3 brizgi ekstra deviškega oljčnega olja

NAVODILA:
a) Ko pripravljate jalapeños, razmislite o nošenju rokavic iz lateksa, da preprečite draženje kože. Jalapeños prerežite na pol po dolžini, sledite krivulji paprike. Z majhno žličko ali prsti izdolbite semena in lupino, saj vsebujejo toploto jalapeñosov (pustite nekaj semen, če želite dodatno toploto). Narezane jalapeñose odstavite.
b) V manjši posodi zmešajte kremni sir in čebulo.
c) V srednji skledi zmešajte krušne drobtine, mehiški origano, poper in sol.
d) Vsako polovico jalapeña napolnite s približno 2 čajnima žličkama mešanice kremnega sira in jo s prsti potisnite v votlino. Po kremnem siru potresemo 1 1/2 čajne žličke mešanice krušnih drobtin. Kruhove drobtine vtisnite v kremni sir.
e) Košaro cvrtnika poškropite z oljem. V košarico zračnega cvrtnika položite toliko jalapeño popperjev (morda boste morali kuhati v serijah). Vrh poperjev popršite z dodatnim oljem (to jim bo pomagalo, da porjavijo). Kuhajte pri 390 °F 6 do 7 minut ali dokler krušne drobtine niso zlato rjave barve.

23. Začinjene kroglice Mac 'n' Cheese

SESTAVINE:
- 2 3/4 skodelice veganske piščančje juhe, razdeljeno
- 1 skodelica polnozrnatih fusillijev
- 1 žlica nemlečnega masla
- 2 stroka česna, nasekljana
- 1/4 skodelice drobno sesekljane rumene čebule
- 1/4 skodelice plus 1 žlica čičerikine moke, razdeljeno
- 1/4 skodelice prehranskega kvasa
- 1 čajna žlička svežega limoninega soka
- 1/4 skodelice naribanega nemlečnega sira Daiya Jalapeño Havarti Style Farmhouse Block ali Pepperjack Style
- 1/4 čajne žličke črnega popra
- 2 laneni jajci ali 2 žlici Follow Your Heart VeganEgg ali Ener-G jajčnega nadomestka
- 1/2 skodelice ledeno mrzle vode
- 1/2 skodelice suhih italijanskih krušnih drobtin
- 1 čajna žlička prekajene paprike
- 1 čajna žlička kajenskega popra
- 1/4 skodelice nemlečnega naribanega parmezana
- 3 do 4 brizge ekstra deviškega oljčnega olja

NAVODILA:

a) V veliki ponvi zavrite 2 1/2 skodelice juhe na srednje močnem ognju. Dodamo fusille in kuhamo 11 minut.

b) V majhni ponvi na srednje nizkem ognju segrejte maslo, česen in čebulo. Ko maslo zavre, ogenj zmanjšamo na nizko in pustimo vreti 5 minut.

c) Maslu dodamo 1 žlico čičerikine moke in z metlico naredimo roux.

d) Kuhane fužele odcedimo in vrnemo v veliko ponev. Mešanico prenesite na testenine in vmešajte prehranski kvas, limonin sok in sir. Dodajte toliko preostale 1/4 skodelice juhe, kolikor je potrebno za kremasto konsistenco. Fusille prenesite v veliko skledo, pokrijte in postavite v hladilnik za 1 do 2 uri.

e) Postavite 3 postaje za poglabljanje. Preostalo 1/4 skodelice čičerikine moke stresite v plitvo skledo. V drugi plitvi skledi zmešajte lanena jajca in hladno vodo. V tretji plitki skledi zmešajte krušne drobtine, dimljeno papriko in kajensko papriko. Predgrejte cvrtnik na 390 °F za 3 minute.

f) Zajemite 2 žlici ohlajenega mac 'n' sira in valjajte v kroglico, dokler ne naredite 8 kroglic. Vsako kroglico povaljajte v čičerikini moki (vsako otresite, da odstranite odvečno moko), nato kroglico pomočite v laneno jajce in na koncu premažite kroglico z mešanico krušnih drobtin. Vsako odložite na krožnik ali kos pergamentnega papirja, dokler ne pripravite vseh 8 kroglic mac 'n' sira.

g) Kroglice prenesite v košaro cvrtnika. Kuhajte 8 minut oziroma do zlato rjave barve.

24. Ocvrti zelenjavni Wontons

SESTAVINE:
- 1/4 skodelice drobno sesekljanega korenja
- 1/4 skodelice drobno sesekljanega ekstra čvrstega tofuja
- 1/4 skodelice drobno narezanih gob šitake
- 1/2 skodelice drobno sesekljanega zelja
- 1 žlica mletega česna
- 1 čajna žlička posušenega mletega ingverja
- 1/4 čajne žličke belega popra
- 2 čajni žlički sojine omake, razdeljeni
- 1 čajna žlička sezamovega olja
- 2 žlički krompirjevega ali koruznega škroba
- 16 veganskih wonton ovojev
- 1 do 2 brizgi repičnega olja ali ekstra deviškega oljčnega olja
- Pikantna sojina omaka

NAVODILA:
a) V veliki skledi zmešajte korenje, tofu, gobe, zelje, česen, ingver, beli poper in 1 čajno žličko sojine omake.
b) V majhni skledi zmešajte preostalo 1 čajno žličko sojine omake, sezamovo olje in krompirjev škrob. Stepajte, dokler se škrob popolnoma ne poveže. Prelijemo čez tofu in zelenjavo ter dobro premešamo z rokami.
c) Poleg delovne površine postavite majhno skledo z vodo, da naredite cmoke. Plosko položite wonton zavitek, stranice s prstom navlažite z vodo in na sredino položite 1 žlico nadeva. Vse 4 vogale ovitka povlecite do vrha in na sredino ter jih stisnite skupaj. Wontone postavite v košaro cvrtnika. Ponovite ta postopek, tako da skupaj dobite 16 wontonov. Poškropite wontone z oljem kanole. Kuhajte pri 360°F 6 minut in na polovici časa kuhanja stresajte.
d) Ocvrte wontone preložimo na krožnik in postrežemo z omako za pomakanje.

25.Pikantna sojina omaka

SESTAVINE:
- 1 žlica sojine omake z nizko vsebnostjo natrija
- 1 čajna žlička riževega kisa
- 1/2 čajne žličke čilijeve paste

NAVODILA:
a)   V majhni skledi zmešajte sojino omako, kis in čilijevo pasto.

26. Ocvrt avokado

SESTAVINE:
- 1/4 skodelice nebeljene večnamenske moke
- 1 laneno jajce
- 1/2 skodelice panko krušnih drobtin
- 1 čajna žlička čilija v prahu
- 1 zrel avokado Hass, brez koščic in olupljen
- 2 do 3 brizge repičnega olja ali ekstra deviškega oljčnega olja

NAVODILA:

a) V plitvo posodo dajte moko. Laneno jajce položite v drugo plitvo posodo. V tretji plitvi posodi zmešajte panko krušne drobtine in čili v prahu.

b) Vsako polovico avokada preluknjamo skozi tri premazne postaje: potresemo jo z moko, pomočimo v laneno jajce in premažemo s panko krušnimi drobtinami.

c) Košaro cvrtnika poškropite z oljem. Obložene polovice avokada položite v eno plast v košaro cvrtnika. Polovičke avokada poškropite z oljem. Kuhajte pri 390°F 12 minut.

27. Beany Jackfruit Taquitos

SESTAVINE:
- 1 (14 unč) pločevinka kruhovca, odcejenega in opranega
- 1 skodelica kuhanega ali konzerviranega rdečega fižola, odcejenega in opranega
- 1/2 skodelice pico de gallo omake
- 1/4 skodelice plus 2 žlici vode
- 4 (6-palčne) koruzne ali polnozrnate tortilje
- 2 do 4 brizge repičnega olja ali ekstra deviškega oljčnega olja

NAVODILA:
a) V srednji ponvi ali loncu na pritisk zmešajte kruhovec, fižol, pico de gallo in vodo. Če uporabljate ponev, segrevajte mešanico kruhovca na srednje močnem ognju, dokler ne začne vreti. Ogenj zmanjšamo, ponev pokrijemo in pustimo vreti 20 do 25 minut. Če uporabljate lonec na pritisk, ga pokrijte, pristavite na pritisk, kuhajte pri nizkem tlaku 3 minute in nato uporabite naravni izpust.
b) Mešanico kruhovca pretlačite z vilicami ali stiskalnikom za krompir. Krumkavec nameravate narezati na mesnato strukturo. Predgrejte cvrtnik na 370 °F za 3 minute.
c) Tortiljo položite na delovno površino. Na tortiljo nanesite 1/4 skodelice mešanice kruhovca. Tesno ga zvijte, tako da del zmesi, ki pade ven, potisnite nazaj v tortiljo. Ponovite ta postopek, da naredite 4 taquitoje.
d) Košaro cvrtnika poškropite z oljem. Poškropite tudi vrhove tortilj. Zvite tortilje položite v košaro cvrtnika. Kuhajte pri 370°F 8 minut.

28. Na zraku ocvrte preste

SESTAVINE:
- 3/4 skodelice tople vode (110 do 115 °F)
- 1 čajna žlička instant kvasa
- 1/2 čajne žličke soli
- 2 žlički granuliranega sladkorja
- 1 1/2 skodelice nebeljene večnamenske moke, razdeljeno, plus več po potrebi
- 4 1/2 skodelice vode
- 1/4 skodelice sode bikarbone
- 1 1/4 čajne žličke grobe morske soli

NAVODILA:

a) V veliki merici zmešajte toplo vodo in kvas. Dodajte sol in sladkor ter mešajte, dokler se ne združita.

b) V srednji posodi za mešanje zmešajte 1 skodelico moke z mešanico kvasa in mešajte z leseno žlico. Dodajte še 1/4 skodelice moke in mešajte, dokler testo ni več lepljivo in je enostavno za rokovanje.

c) Preostalo 1/4 skodelice moke stresite na delovno površino. Testo prestavimo na delovno površino in ga gnetemo 3 do 4 minute. Dodamo še moko, če se testo oprijema delovne površine ali rok.

d) Ko zgnetete testo, ga oblikujte v kvadrat velikosti 5 x 5 x 1/2 palca.

e) V velikem loncu na srednje močnem ognju zavrite vodo in sodo bikarbono.

f) Medtem blok testa vzdolžno razrežemo na 5 trakov.

g) Vsak trak razvaljajte v 12-palčne vrvi. Vzemite oba konca vrvi, ju povlecite skupaj in popolnoma zasukajte ter z rokami oblikujte krog s testom, ki je še vedno na delovni površini. Konce testa stisnite v krog in oblikujte ikonično obliko preste. Ta postopek ponovite s preostalimi vrvmi in naredite 5 prestic.

h) Na žlico z režami položite 1 presto in jo nežno položite v vrelo vodo. Potonil bo in nato priplaval na vrh v približno 20 do 30 sekundah. Presto odstranite z žlico z režami in nanjo preložite silikonsko podlogo za peko ali kos pergamentnega papirja.

i) Ta postopek ponovite s preostalimi 4 preste.

j) Predgrejte cvrtnik na 390 °F za 5 minut. Na vsako presto potresemo 1/4 čajne žličke soli.

k) Presto prenesite v košaro cvrtnika. Če uporabljate velik zračni cvrtnik z dodatkom za rešetko, lahko postavite 2 večji preste neposredno na košaro in 3 manjše na rešetko. Če uporabljate manjši cvrtnik ali če ni na voljo rešetke, pecite preste v serijah.

l) Kuhajte pri 390 °F 5 do 6 minut. Začnite jih preverjati po 3 minutah. Iščete zlato do temno rjav rezultat. Z lopatko odstranite preste iz cvrtnika.

29.Ocvrt tofu z arašidovo omako

SESTAVINE:
OCVREN TOFU
- 1 (12 unč) paket čvrstega tofuja, odcejenega in stisnjenega
- 1/2 skodelice koruznega zdroba
- 1/4 skodelice koruznega škroba
- 1/2 čajne žličke morske soli
- 1/2 čajne žličke belega popra
- 1/2 čajne žličke kosmičev rdeče paprike
- 1 do 2 brizgi sezamovega olja

ARAŠIDOVA OMAKA
- 1 (1-palčni) kos svežega ingverja, olupljen
- 1 strok česna
- 1/2 skodelice kremastega arašidovega masla
- 2 žlici tamarija z nizko vsebnostjo natrija
- 1 žlica svežega limetinega soka
- 1 čajna žlička javorjevega sirupa
- 1/2 čajne žličke čilijeve paste
- 1/4 do 1/2 skodelice vode, po potrebi
- 1/4 skodelice drobno sesekljane čebulice

NAVODILA:
a) Tofu: Tofu narežemo na 16 kock in odstavimo. V srednje veliki skledi zmešajte koruzni škrob, koruzni zdrob, sol, beli poper in kosmiče rdeče paprike. Dodamo na kocke narezan tofu in dobro zabelimo. Tofu prenesite v košaro cvrtnika. Poškropite s sezamovim oljem. Kuhajte 20 minut pri 350 °F in na polovici časa kuhanja rahlo stresajte.
b) Arašidova omaka: ingver, česen, arašidovo maslo, tamari, limetin sok, javorjev sirup in čilijevo pasto pretlačite v mešalniku do gladkega. Dodajte vodo, če je potrebno za gosto konsistenco, ki je dovolj redka, da lahko kaplja. Za serviranje tofu prestavite na servirni krožnik.
c) Arašidovo omako nalijte v majhno skledo za pomakanje in nanjo natresite kapesato.

30.Panirane gobe

SESTAVINE:
- 2 velika klobuka šampinjonov portobello, rahlo oprana in osušena
- 1/2 skodelice sojine moke
- 1/2 čajne žličke granulirane čebule
- 1/4 čajne žličke posušenega origana
- 1/4 čajne žličke posušene bazilike
- 1/4 čajne žličke granuliranega česna
- 1/2 čajne žličke črnega popra, razdeljenega
- 1/2 skodelice ledeno mrzle vode
- 2 žlici Follow Your Heart VeganEgg ali 1 laneno jajce
- 1/8 skodelice sojinega mleka
- 1 čajna žlička tamarija z nizko vsebnostjo natrija
- 1 skodelica panko krušnih drobtin
- 1/4 čajne žličke morske soli
- 1 do 2 brizgi repičnega olja ali ekstra deviškega oljčnega olja

NAVODILA:
a) Portobello kapice narežite na 1/4-palčne debele rezine. V plitvi posodi ali krožniku zmešajte moko, zrnato čebulo, origano, baziliko, zrnat česen in 1/4 čajne žličke popra.
b) Zmešajte vodo in VeganEgg. Zmes vlijemo v plitvo skledo. Dodajte sojino mleko in tamari. Panko krušne drobtine stresite v tretjo plitvo posodo ali krožnik ter dodajte sol in preostali črni poper ter dobro premešajte.
c) Delajte v serijah, gobe položite v mešanico moke in jih poglobite, da jih dobro prekrijete. Odvečno moko otresemo in gobe pomočimo v mlečno zmes. Otresite odvečno tekočino, nato pa gobe položite v krušne drobtine in jih dobro premažite. Panirane gobe preložimo na krožnik, prekrit s peki papirjem, in ta postopek ponavljamo, dokler niso vse gobe panirane.
d) Z oljem popršite košaro cvrtnika. Panirane gobe položite v košaro zračnega cvrtnika (morda boste morali to narediti v serijah) in kuhajte pri 360 °F 7 minut, na polovici časa kuhanja pa stresajte.

31.Veganska krila

SESTAVINE:
- 1/4 skodelice nemlečnega masla
- 1/2 skodelice Frank's RedHot Original Cayenne Pepper Sauce ali vaše najljubše kajenske pekoče omake
- 2 stroka česna
- 16 do 18 unč pečenega piščančjega seitana, razrezanega na 8 do 10 kosov, ali piščančjega seitana znamke WestSoy ali Pacific
- 1/4 skodelice čičerikine moke
- 1/4 skodelice koruznega zdroba

NAVODILA:
a) Zmešajte maslo, vročo omako in česen v majhni ponvi na zmernem ognju 3 do 5 minut. Polovico omake vlijemo v skledo. Dati na stran.
b) Dodajte koščke seitana v omako v ponvi. Dobro premešajte, da prekrijete seitan.
c) V plitvi skledi zmešajte moko in koruzni zdrob.
d) Predgrejte cvrtnik na 370 °F za 3 minute. Koščke sejtana potopite v mešanico moke in jih dobro premažite. Seitan postavite v cvrtnik. Kuhajte pri 370 °F 7 minut, stresajte 3 minute.
e) Perutnice prestavimo v skledo s prihranjeno pekočo omako. Premešajte in postrezite z nemlečnim modrim sirom ali ranč prelivom.

32. Pečena čičerika na žaru

SESTAVINE:
- 1 (15 unč) pločevinka čičerike, odcejene, oprane in popivnane
- 1 čajna žlička arašidovega olja
- 1/2 čajne žličke javorjevega sirupa
- 1 čajna žlička paprike
- 1 čajna žlička česna v prahu
- 1/2 čajne žličke črnega popra
- 1/2 čajne žličke mlete gorčice
- 1/2 čajne žličke čipola v prahu

NAVODILA:
a) V veliki skledi zmešajte čičeriko, olje in javorjev sirup ter premešajte čičeriko, da se prekrije. Čez čičeriko potresemo papriko, česen v prahu, poper, gorčico in čipotle v prahu ter mešamo, dokler ni vsa čičerika dobro prekrita.
b) Čičeriko prenesite v košaro cvrtnika. Kuhajte pri 400 °F 15 minut, vsakih 5 minut pretresite.

33. Balzamični zeliščni paradižnik

SESTAVINE:
- 1/4 skodelice balzamičnega kisa
- 1/2 čajne žličke grobe morske soli
- 1/4 čajne žličke mletega črnega popra
- 1 žlica posušenega origana
- 1 čajna žlička rdeče paprike
- 2 velika, čvrsta paradižnika, vsakega narežite na 4 rezine
- Ekstra deviško oljčno olje v spreju

NAVODILA:
a) Vlijte kis v plitvo posodo. Vmešajte sol, poper, origano in rdeče paprike.
b) Vsako rezino paradižnika pomočite v mešanico kisa. Predgrejte cvrtnik na 360 °F za 3 minute.
c) Paradižnik razporedite v eno plast na rešetko za žar ali neposredno v cvrtnik (naenkrat bi morali kuhati 2 do 4 rezine, odvisno od velikosti vašega cvrtnika). Če želite povečati zmogljivost kuhanja, nad vložek za žar ali košaro namestite pripomoček za rešetko, ki bo omogočal pečenje dveh plasti paradižnikov hkrati.
d) Preko vsakega paradižnika z žlico prelijte preostalo mešanico kisa. Paradižnik poškropite z oljem. Kuhajte pri 360°F 5 do 6 minut. Paradižnik previdno odstranite z lopatko.

34. pastinakov krompirček

SESTAVINE:
- 2 srednje velika pastinaka, narezana in dobro oprana
- 1 čajna žlička avokadovega olja ali olja kanole
- 1 čajna žlička mletega cimeta
- 1/2 čajne žličke mlete kumine
- 1/2 čajne žličke paprike
- 1/2 čajne žličke mletega koriandra
- 1/2 čajne žličke morske soli
- 1/4 čajne žličke črnega popra
- 1/2 čajne žličke koruznega škroba
- 1 žlica pirine moke ali moke iz rjavega riža

NAVODILA:
a) Odrežite vrhove in dna pastinaka. Po dolžini prerežite na pol. Debele dele po dolžini razpolovite ali razčetverite, dokler niso vsi kosi pastinaka približno enake velikosti.
b) Prenesite jih v veliko skledo. Dodamo olje, cimet, kumino, papriko, koriander, sol in poper.
c) V majhni skledi zmešajte koruzni škrob in moko. Mešanico koruznega škroba potresemo po pastinaku in premetavamo s kleščami, dokler ni dobro prekrita.
d) Pastinak kuhajte pri 370 °F 15 minut ali do zlato rjave barve, na polovici časa kuhanja pa pretresite.

35.Buffalo cvetača

SESTAVINE:
- 1 velika glava cvetače
- 1 skodelica nebeljene večnamenske moke
- 1 čajna žlička veganskih zrnc piščančje juhe (ali začimbe Butler Chik-Style)
- 1/4 čajne žličke kajenskega popra
- 1/4 čajne žličke čilija v prahu
- 1/4 čajne žličke paprike
- 1/4 čajne žličke posušenih čilijevih kosmičev
- 1 skodelica sojinega mleka
- Sprej za olje oljne repice
- 2 žlici nemlečnega masla
- 1/2 skodelice Frank's RedHot Original Cayenne Pepper Sauce ali vaše najljubše kajenske pekoče omake
- 2 stroka česna, nasekljana

NAVODILA:
a) Cvetačo narežemo na grižljaje. Kose cvetače oplaknite in odcedite.
b) V veliki skledi zmešajte moko, zrnca juhe, kajensko papriko, čili v prahu, papriko in kosmiče. Počasi vmešajte mleko, dokler ne nastane gosta masa.
c) Košaro zračnega cvrtnika popršite z oljem oljne repice in predgrejte zračni cvrtnik 10 minut na 390°F.
d) Medtem ko se cvrtnik predgreje, stresite cvetačo v testo. Prenesite oluščeno cvetačo v košaro cvrtnika. Kuhajte 20 minut pri 390°F. S kleščami po 10 minutah obrnite koščke cvetače (naj vas ne skrbi, če se bodo prijeli).
e) Ko cvetačo obrnete, segrejte maslo, pekočo omako in česen v majhni ponvi na srednjem ognju. Mešanico zavremo, zmanjšamo ogenj, da zavre, in pokrijemo. Ko je cvetača kuhana, jo prestavimo v veliko skledo. Z omako prelijemo cvetačo in jo nežno premešamo s kleščami. Postrezite takoj.

36. Sirni grižljaji polente s koprom

SESTAVINE:
- 1 skodelica lahkega kulinaričnega kokosovega mleka
- 3 skodelice zelenjavne juhe
- 3 stroki česna, sesekljani
- 1/2 čajne žličke mlete kurkume
- 1/2 čajne žličke posušenega kopra
- 1 skodelica posušene polente ali koruznega zdroba
- 1 žlica nemlečnega masla
- 2 žlici prehranskega kvasa
- 1 čajna žlička svežega limoninega soka
- Sprej za olje oljne repice

NAVODILA:
ZA POLANTO:
a) V loncu na pritisk ali instant loncu: Zmešajte mleko, juho, česen, kurkumo, koper in polento v nepokritem loncu na pritisk (ali večnamenskem kuhalniku, kot je instant lonec).
b) Lonec na pritisk pokrijemo in pristavimo na pritisk. Kuhajte na visokem tlaku 5 minut. Uporabite naravno sproščanje po 15 minutah. Če uporabljate večnamenski kuhalnik, izberite ročno in visokotlačno kuhanje za 5 minut. Odstranite pokrov in vmešajte maslo, prehranski kvas in limonin sok.
c) Na štedilniku: V veliki ponvi na srednje močnem ognju zavrite mleko, juho, česen, kurkumo in koper.
d) Polento počasi vlijemo v vrelo mlečno mešanico in neprestano mešamo, dokler ni vsa polenta vmešana in ni grudic. Zmanjšajte ogenj na nizko in kuhajte, pogosto mešajte, dokler se polenta ne začne gostiti, približno 5 minut.
e) Polenta mora biti še rahlo rahla. Ponev pokrijte in kuhajte 30 minut, vsakih 5 do 6 minut mešajte. Ko je polenta pregosta za stepanje, jo premešamo z leseno kuhalnico. Polenta je pripravljena, ko je njena struktura kremasta in so posamezna zrna mehka.
f) Ugasnemo ogenj in v polento nežno vmešamo maslo, dokler se maslo delno ne stopi.
g) V polento vmešamo prehranski kvas in limonin sok. Ponev pokrijemo in pustimo polento stati 5 minut, da se zgosti.
h) Vročo polento odstavimo, da se ohladi (lahko polento prestavimo v srednje veliko skledo in ohladimo za 15 minut, da pospešimo postopek).

ZA POLENTINE GRIŽLJAJE:
i) 1/8 skodelice merice polente razvaljajte v kroglice in jih razporedite v cvrtnik v eni plasti. (Glede na velikost vašega cvrtnika boste morda morali kuhati v serijah.)
j) Poškropite jih z oljem kanole. Kuhajte pri 400 °F 12 do 14 minut, stresajte 6 minut.

37. Pečen brstični ohrovt

SESTAVINE:
- 1 funt brstičnega ohrovta
- 2 žlici sojine omake
- 1 žlica riževega kisa
- 1 čajna žlička repičnega olja
- 1 žlica mletega česna
- 1/2 čajne žličke belega popra

NAVODILA:
a) Brstičnemu ohrovtu obrežite dno in vsak kalček prerežite na pol od zgoraj navzdol (zunanji listi bodo zlahka odpadli). Sperite in odcedite. Brstični ohrovt prenesite v večjo skledo.
b) V majhni skledi zmešajte sojino omako, kis, olje, česen in beli poper. Prelijemo po brstičnem ohrovtu. Nežno premešajte s kleščami in dobro premažite.
c) Predgrejte cvrtnik na 390 °F za 3 minute. Brstični ohrovt preložite v košaro cvrtnika. Kuhajte 12 minut, polovico časa kuhanja stresajte.

38. Pražena želodova buča

SESTAVINE:
- 1 (16 unč) želodova buča, oprana
- 1/4 skodelice zelenjavne juhe
- 2 žlici prehranskega kvasa
- 3 stroki česna, sesekljani

NAVODILA:
a) Bučo prerežemo na pol in z žlico izdolbemo semena. (Semena postavite na stran, da naredite semena buče Tamari . Odrežite konce vsakega kosa, da dobite ravno dno.
b) Vsako polovico buče postavite v cvrtnik z mesom navzgor. Kuhajte pri 360°F 10 minut.
c) V majhni skledi zmešajte juho, prehranski kvas in česen.
d) Po 10 minutah odprite košaro cvrtnika in prelijte 1/8 skodelice česnove omake na eno polovico buče in 1/8 skodelice na drugo polovico buče. Omaka se bo usedla v "skledo" buče.
e) S čopičem premažite vrh buče. Povečajte toploto na 390 °F in nadaljujte s kuhanjem še 5 minut, dokler se buča ne zmehča.
f) Bučne polovice odstranite iz cvrtnika in jih narežite ali uporabite kot užitne servirne sklede.

39. Semena buč Tamari

SESTAVINE:
- 1/4 do 1/2 skodelice semen želoda ali maslene buče (količina se razlikuje glede na velikost buče)
- 2 žlici tamari z nizko vsebnostjo natrija ali sojine omake z nizko vsebnostjo natrija
- 1/4 čajne žličke belega popra ali sveže mletega črnega popra

NAVODILA:
a) Bučna semena dobro sperite in odstranite morebitne vrvice ali koščke buče. Prenesite jih v majhno skledo ali merilno skodelico. Tamari prelijte čez semena in pustite, da se marinirajo 30 minut.
b) Semena odcedite (vendar ne izpirajte).
c) Predgrejte cvrtnik na 390 °F za 3 minute. Semena prenesite v košarico cvrtnika in jih potresite z belim poprom. Kuhajte pri 390 °F 6 minut in na polovici časa kuhanja stresajte.
d) Semena pojejte takoj ali jih shranite v nepredušni posodi za 3 dni.

40. Čebulni obročki

SESTAVINE:
- 1 velika čebula, narezana na 1/4-palčne debele rezine
- 1 skodelica nebeljene večnamenske moke
- 1/4 skodelice čičerikine moke
- 1 čajna žlička pecilnega praška
- 1 čajna žlička morske soli
- 1/2 skodelice aquafabe ali veganskega jajčnega nadomestka
- 1 skodelica sojinega mleka
- 3/4 skodelice panko krušnih drobtin

NAVODILA:
a) Predgrejte cvrtnik na 360°F za 5 minut. Rezine čebule ločite na kolobarje.
b) V majhni skledi zmešajte večnamensko moko, čičerikino moko, pecilni prašek in sol.
c) Rezine čebule potopite v mešanico moke, dokler niso dobro prekrite. Dati na stran.
d) V preostalo mešanico moke vmešajte aquafabo in mleko. Pomokane čebulne kolobarje pomočite v testo za premaz.
e) Panko krušne drobtine razporedite po krožniku ali plitvi posodi in kolobarje dobro pokrijte z drobtinami.
f) Čebulne obročke položite v zračni cvrtnik v enem sloju in jih kuhajte 7 minut pri 360°F, na polovici časa kuhanja jih stresite. Če imate manjši cvrtnik, boste morda morali kuhati v serijah.

41. Maple Butternut Squash

SESTAVINE:
- 1 velika maslena buča, olupljena, prepolovljena, brez semen in narezana na 1-palčne koščke
- 1 čajna žlička ekstra deviškega oljčnega olja ali olja oljne repice
- 2 žlici javorjevega sirupa
- 1 čajna žlička mletega cimeta
- 1/2 čajne žličke mletega kardamoma
- 1/2 čajne žličke posušenega timijana
- 1/2 čajne žličke morske soli

NAVODILA:
a) Predgrejte cvrtnik na 390 °F. Bučo dajte v veliko skledo za mešanje. Dodajte olje, javorjev sirup, cimet, kardamom, timijan in sol ter premešajte, da prekrijete bučo.
b) Bučo prenesite v košaro cvrtnika. Kuhajte 20 minut ali dokler ne porjavi, na polovici časa kuhanja stresite.

42.Kale čips

SESTAVINE:
- 8 skodelic pecljatega ohrovta
- 1 čajna žlička olja oljne repice ali ekstra deviškega oljčnega olja
- 1 čajna žlička riževega kisa
- 1 čajna žlička sojine omake
- 2 žlici prehranskega kvasa

NAVODILA:
a) Ohrovt operemo in odcedimo. Prenesite ga v veliko skledo. Ohrovt natrgajte na 2-palčne kose. Izogibajte se trganju premajhnih kosov, saj lahko nekateri cvrtniki z močnim prisilnim zrakom ohrovt potegnejo v grelni element.
b) V skledo dodajte olje, kis, sojino omako in prehranski kvas. Vse sestavine z rokami približno 2 minuti vmasirajte v ohrovt.
c) Ohrovt prenesite v košaro cvrtnika. Kuhajte pri 360°F 5 minut. Stresite košaro. Povečajte toploto na 390 °F in kuhajte še 5 do 7 minut.

43. Ocvrti zeleni paradižniki

SESTAVINE:
- 1/2 skodelice krompirjevega škroba
- 1 skodelica sojine moke, razdeljena
- 1/4 skodelice sojinega mleka
- 2 žlici prehranskega kvasa
- 1/2 do 1 čajna žlička pekoče omake
- 1/4 skodelice mandljeve moke
- 1/4 skodelice panko krušnih drobtin
- 1 čajna žlička prekajene paprike
- 1 čajna žlička morske soli
- 1/4 čajne žličke črnega popra
- 2 velika zelena ali dedna paradižnika, narezana na 1/2-palčne debele rezine
- 2 do 4 brizge repičnega olja

NAVODILA:

a) V plitvi posodi zmešajte krompirjev škrob in 1/2 skodelice sojine moke.
b) V drugi plitvi posodi zmešajte mleko, prehranski kvas in pekočo omako.
c) V tretji plitvi posodi zmešajte preostalo 1/2 skodelice sojine moke, mandljevo moko, panko krušne drobtine, dimljeno papriko, sol in poper.
d) Paradižnike premažemo v mešanici krompirjevega škroba. Otresite morebitni odvečni škrob in nato paradižnike potopite v mlečno mešanico, da se prekrijejo. Otresite odvečno mleko in nato paradižnike potopite v začinjeno mešanico sojine moke.
e) Košaro cvrtnika poškropite z oljem. V košaro cvrtnika položite čim več paradižnikov. Vrh paradižnika poškropite z več olja.
f) Kuhajte pri 320°F 3 minute. Nežno stresite košaro cvrtnika. Ogenj povečajte na 400°F in kuhajte še 2 minuti.

44.Parmezan iz jajčevca

SESTAVINE:
- 1 srednji jajčevec
- 1/2 skodelice nebeljene večnamenske moke
- 1 laneno jajce ali enakovreden nadomestek za jajca Follow Your Heart VeganEgg ali Ener-G
- 1 1/2 skodelice panko krušnih drobtin
- 2 do 4 brizge ekstra deviškega oljčnega olja
- 1/2 skodelice marinara omake
- 1/2 skodelice naribanega nemlečnega parmezana

NAVODILA:
a) Jajčevce operemo in osušimo. Narežite jajčevce tako, da naredite 8 (1/2-palčni debelih) krogov.
b) Postavite tridelno postajo za poglabljanje s tremi plitvimi skledami, v prvo moko, v drugo laneno jajce in v tretjo panko krušne drobtine. Košaro cvrtnika poškropite z oljem.
c) Okrog jajčevca potopite v moko in dobro premažite. Okrog jajčevca pomočimo v laneno jajce, nato pa ga pogrebemo v panko drobtinah. Otresite vse odvečne krušne drobtine in okrogle jajčevce položite v košaro cvrtnika. Ta postopek ponovite z več krogi jajčevca. Če imate pripomoček za rešetko, ga postavite v košaro cvrtnika in nadaljujte s premazovanjem preostalih krogov jajčevca ter jih položite na rešetko. Če imate manjši zračni cvrtnik ali brez rešetke za dodajanje druge stopnje pečenja, kroge jajčevca ocvrejte na zraku v 2 ali 3 serijah. Vrh vsakega kroga jajčevca poškropite z olivnim oljem. Kuhajte pri 360°F 12 minut, dokler ne postanejo zlato rjave barve.
d) V majhni ponvi na zmernem ognju segrejte omako marinara.
e) Po 12 minutah odprite cvrtnik in v vsak krog jajčevcev dodajte 1 žlico sira ter kuhajte še 2 minuti. Za serviranje položite 3 kroge jajčevcev na osebo na majhen krožnik. Na jajčevce prelijte 2 žlici marinara omake.

45. Mešani zelenjavni ocvrti

SESTAVINE:
- 3 žlice mletega lanenega semena
- 1/2 skodelice vode
- 2 srednje rumena krompirja
- 2 skodelici zamrznjene mešane zelenjave (korenje, grah in koruza), odmrznjene in odcejene
- 1 skodelica zamrznjenega graha, odmrznjenega in odcejenega
- 1/2 skodelice grobo sesekljane čebule
- 1/4 skodelice drobno sesekljanega svežega cilantra
- 1/2 skodelice nebeljene večnamenske moke
- 1/2 čajne žličke morske soli
- Ekstra deviško oljčno olje za brizganje

NAVODILA:
a) V majhni skledi naredite laneno jajce tako, da z vilicami ali majhno metlico zmešate laneno seme in vodo.
b) Krompir olupite in ga narežite v skledo. (Ali uporabite rezilo strgala v kuhinjskem robotu; če to storite, prenesite narezan krompir nazaj v skledo.) Krompirju dodajte mešano zelenjavo in čebulo. Dodajte cilantro in laneno jajce ter premešajte, da se združita. Dodamo moko in sol ter dobro premešamo. Predgrejte cvrtnik na 360 °F za 3 minute.
c) Izvlecite 1/3 skodelice krompirjeve mešanice, da oblikujete polpet. Ta postopek ponavljajte, dokler ne porabite vse mešanice za pripravo ocvrtih polpetov.
d) Ocvrtke poškropite z oljem. Cvrtke prenesite v košaro cvrtnika (morda boste morali narediti več serij, odvisno od velikosti vašega cvrtnika). Ocvrtke pečemo 15 minut, na polovici časa pečenja jih obrnemo.

46. Krompirjeve rezine s sirom

SESTAVINE:
KROMPIR
- 1 funt prstastega krompirja
- 1 čajna žlička ekstra deviškega oljčnega olja
- 1 čajna žlička košer soli
- 1 čajna žlička mletega črnega popra
- 1/2 čajne žličke česna v prahu

SIRNA OMAKA
- 1/2 skodelice surovih indijskih oreščkov
- 1/2 čajne žličke mlete kurkume
- 1/2 čajne žličke paprike
- 2 žlici prehranskega kvasa
- 1 čajna žlička svežega limoninega soka
- 2 žlici na 1/4 skodelice vode

NAVODILA:

a) Krompir: Predgrejte cvrtnik na 400 °F za 3 minute. Krompir operemo. Krompir po dolžini prerežemo na pol in ga prestavimo v veliko skledo. Krompirju dodajte olje, sol, poper in česen v prahu. Premešajte na plašč. Krompir prenesite v cvrtnik. Kuhajte 16 minut, polovico časa kuhanja stresajte.

b) Sirova omaka: v hitrem mešalniku zmešajte indijske oreščke, kurkumo, papriko, prehranski kvas in limonin sok. Mešajte pri nizki hitrosti, počasi povečujte hitrost in po potrebi dodajte vodo. Pazite, da ne uporabite preveč vode, saj želite gosto, sirasto konsistenco.

c) Kuhani krompir prenesite v ponev, primerno za cvrtnik, ali na kos pergamentnega papirja. S sirno omako pokapljajte rezine krompirja. Ponev postavite v cvrtnik in kuhajte še 2 minuti pri 400 °F.

47. Hasselback krompir

SESTAVINE:
- 2 srednje rumena krompirja
- 2 brizgi ekstra deviškega oljčnega olja
- 1/4 čajne žličke morske soli
- 2 ščepca črnega popra
- 1 čajna žlička mletega česna

NAVODILA:
a) Krompir dobro operemo. Krompir razrežete tako, da ga položite na najravnejšo stran v veliko žlico (da preprečite, da bi ga prerezali do konca). Z ostrim nožem zarežite od vrha navzdol, dokler nož Postrežemo: stik z žlico. Krompir narežite na 1/8-palčne rezine.
b) Krompir poškropite z oljem (ali premažite z zelenjavno juho) in na vsakega potresite polovico soli in ščep črnega popra. Krompir postavite v cvrtnik in kuhajte 20 minut pri 390 °F.
c) Odstranite košaro iz cvrtnika in stisnite 1/2 čajne žličke česna med rezine vsakega krompirja. Krompir vrnite v cvrtnik in kuhajte še 15 do 20 minut. (Skupni čas kuhanja naj bo približno 35 do 40 minut; dlje, če uporabljate velik krompir.)

48.Poutine

SESTAVINE:
- 3 srednje rdeče rdeče krompirje, narezane na 1/4-palčne rezine in ponovno narezane na 1/4-palčne trakove
- 1 čajna žlička arašidovega olja ali olja oljne repice
- 2 skodelici gobove omake iz belega fižola ali pacifiške ali gobove omake znamke Imagine
- 1/2 skodelice grobo narezanega Daiya Jalapeño Havarti Style Farmhouse Block sira ali naribanega parmezana Follow Your Heart

NAVODILA:
a) Krompirjeve krompirčke splaknite v hladni vodi. Namakajte 20 minut. Krompir operemo, odcedimo in osušimo s papirnato brisačo. Pomfri prenesite v veliko skledo in prelijte z arašidovim oljem.
b) Pomfri položite v košarico zračnega cvrtnika in kuhajte 20 minut pri 390°F, na polovici časa kuhanja pa stresajte.
c) Medtem ko se krompirček kuha, naredite omako.
d) Ko je krompirček popolnoma pečen, ga položite na 4 servirne krožnike. Vsako porcijo potresemo z 2 žlicama sira in nato z žlico prelijemo 1/2 skodelice omake.

49.Pomfrit iz sladkega krompirja

SESTAVINE:
- 2 velika bela sladka krompirja, narezana na 1/4-palčne rezine in ponovno narezana na 1/4-palčne trakove
- 1/4 skodelice temnega veganskega piva
- 1 čajna žlička rdeče miso
- 1 čajna žlička repičnega olja
- 1 žlica svetlo rjavega sladkorja
- 1 čajna žlička mletega cimeta
- 1/2 čajne žličke mlete kumine
- 1/2 čajne žličke morske soli

NAVODILA:
a) Pomfri oplaknite v hladni vodi. Pomfri prenesite v večjo skledo. V majhni skledi zmešajte pivo, miso in olje. Pomfrit pokapljajte s pivsko mešanico, dobro premešajte in pustite 20 minut.
b) Pomfri odcedimo in vrnemo v skledo. Po krompirčku potresemo rjavi sladkor, cimet, kumino in sol. Mešajte, dokler ni dobro prevlečen.
c) Pomfrit kuhajte 15 do 20 minut pri 320°F, dokler ne postane zlato rjav.

50.Umami krompirček

SESTAVINE:
- 2 velika rdečerjava krompirja, očiščena
- 1/4 skodelice tople vode
- 1 žlica Marmite ali Vegemite
- 1 žlica jabolčnega kisa
- Krompir narežite na 1/4-palčne rezine, nato pa rezine narežite na 1/4-palčne trakove.

NAVODILA:
a) Pomfri prestavimo v plitev pekač ali obrobljen pekač.
b) Vodo nalijte v mešalnik.
c) Mešalnik zavrtite na nizko stopnjo in počasi pokapajte Marmite.
d) Dodajte kis, povečajte hitrost mešalnika na visoko in mešajte le nekaj sekund. Pomfrit prelijemo z mešanico Marmite. Pomfri premešajte s kleščami ali z rokami, da se prepričate, da je krompirček prekrit z marinado.
e) Pokrijte in pustite na strani približno 15 minut.
f) Predgrejte cvrtnik na 360 °F za 3 minute. Pomfri odcedimo in prestavimo v cvrtnik.
g) Kuhajte pri 360 °F 16 do 20 minut, na polovici časa kuhanja stresajte.

GLAVNA JED

51. Pesa s pomarančno gremolato

SESTAVINE:
- 3 srednje sveže zlate pese (približno 1 funt)
- 3 srednje sveže pese (približno 1 funt)
- 2 žlici limetinega soka
- 2 žlici pomarančnega soka
- 1/2 čajne žličke fine morske soli
- 1 žlica mletega svežega peteršilja
- 1 žlica mletega svežega žajblja
- 1 strok česna, mlet
- 1 čajna žlička naribane pomarančne lupinice
- 2 žlici sončničnih jedrc

NAVODILA:
a) Predgrejte cvrtnik na 400°.
b) Očistite peso in obrežite vrhove za 1 palec. Peso položite na dvojno debelino močne folije (približno 24 x 12 palcev). Folijo zložite okoli pese, tesno zaprite.
c) Položite v eni plasti na pladenj v košarico cvrtnika. Kuhajte do mehkega, 4555 minut. Previdno odprite folijo, da para uhaja.
d) Ko je dovolj ohlajena za rokovanje, peso olupimo, razpolovimo in narežemo; postavite v servirno skledo. Dodajte limetin sok, pomarančni sok in sol; vrzi na plašč. Zmešajte peteršilj, žajbelj, česen in pomarančno lupino; potresemo po pesi. Na vrhu posujte sončnična jedrca. Postrezite toplo ali ohlajeno.

52. Losos z balzamično špinačo

SESTAVINE:
- 3 čajne žličke oljčnega olja, razdeljene
- 4 fileji lososa (6 unč vsak)
- 1 1/2 čajne žličke začimb za morske sadeže z zmanjšano vsebnostjo natrija
- 1/4 čajne žličke popra
- 1 strok česna, narezan
- Zdrobite kosmiče rdeče paprike
- 10 skodelic sveže mlade špinače (približno 10 unč)
- 6 majhnih paradižnikov, brez semen in narezanih na 1/2 in. kosov
- 1/2 skodelice balzamičnega kisa

NAVODILA:
a) Predgrejte cvrtnik na 450°. Vtrite 1 čajno žličko olja na obe strani lososa; potresemo z morskimi začimbami in poprom.
b) Po potrebi v serijah položite lososa na pomaščen pladenj v košarico cvrtnika. Kuhajte, dokler se ribe ne začnejo zlahka luščiti z vilicami, 1012 minut.
c) Medtem dajte preostalo olje, česen in poprove kosmiče v 6qt. lonec; segrevajte na srednje nizkem ognju, dokler se česen ne zmehča 34 minut. Povečajte toploto na srednje visoko.
d) Dodamo špinačo; kuhajte in mešajte, dokler ne oveni, 34 minut. Vmešajte paradižnik; toplote skozi. Razdelite med 4 servirne posode.
e) V manjši kozici zavremo kis. Kuhajte, dokler se kis ne zmanjša za polovico, 23 minut. Takoj odstavite z ognja.
f) Za serviranje položite lososa na mešanico špinače. Prelijemo z balzamično glazuro.

53. Česnovo-zeliščna ocvrta polpetka

SESTAVINE:
- 5 skodelic prepolovljene majhne buče (približno 11/4 funtov)
- 1 žlica olivnega olja
- 2 stroka česna, nasekljana
- 1/2 čajne žličke soli
- 1/4 čajne žličke posušenega origana
- 1/4 čajne žličke posušenega timijana
- 1/4 čajne žličke popra
- 1 žlica mletega sveže ga peteršilja

NAVODILA:
a) Predgrejte cvrtnik na 375°. Bučo položite v veliko skledo. Zmešajte olje, česen, sol, origano, timijan in poper; prelijte squash.
b) Premešajte na plašč. Bučo položite na pomaščen pladenj v košarico cvrtnika. Kuhajte, dokler se ne zmehča, 1015 minut, občasno premešajte.
c) Potresemo s peteršiljem.

54.Gobovi zrezki

SESTAVINE:
- 4 velike gobe Portobello
- 23 žlic oljčnega olja
- 2 žlički tamari sojine omake
- 1 čajna žlička česnove kaše
- sol po okusu

NAVODILA:
a) Predgrejte Air Fryer na 350 F / 180 C.
b) Gobe očistite z vlažno krpo ali krtačo in jim odstranite peclje.
c) V skledi zmešajte olivno olje, sojino omako tamari, česnovo kašo in sol.
d) Dodajte gobe in mešajte, dokler ni prekrita. Gobe lahko z mešanico premažemo tudi s čopičem. Lahko skuhate takoj ali pa pustite gobe počivati 10 minut pred kuhanjem.
e) Gobe dodajte v košarico cvrtnika in kuhajte 810 minut.
f) Gobe iz česnovega cvrtnika postrezite z nekaj zelene solate.

55. Gobova omaka iz belega fižola

SESTAVINE:
- 1/4 skodelice nemlečnega masla
- 3 stroki česna, grobo sesekljani
- 1/2 skodelice grobo sesekljane rumene čebule
- 1 skodelica grobo narezanih gob šitake
- 1/8 čajne žličke posušenega žajblja
- 1/8 čajne žličke posušenega rožmarina
- 1/8 čajne žličke mletega črnega popra
- 1 1/4 skodelice zelenjavne juhe
- 1/4 skodelice sojine omake z nizko vsebnostjo natrija
- 1 (15 unč) pločevinka belega fižola, odcejena in oprana
- 1/8 do 1/4 skodelice kosmičev hranljivega kvasa

NAVODILA:

a) V majhni kozici na srednje močnem ognju segrejte maslo. Dodamo česen in čebulo ter pražimo, dokler čebula ne postekleni. Dodajte gobe, žajbelj, rožmarin in poper. Dobro premešaj. Primešamo juho in sojino omako. Mešanico zavremo.

b) Dodajte fižol. S potopnim mešalnikom v ponvi mešajte omako 20 do 30 sekund ali dokler ni gladka. Druga možnost je, da omako prenesete v mešalnik in zmešate, dokler ni gladka, nato pa omako po mešanju vrnete nazaj v ponev.

c) Ponev pokrijemo, ogenj zmanjšamo na srednjo in med občasnim mešanjem kuhamo 5 minut. Dodamo prehranski kvas, dobro premešamo, nato ponev pokrijemo in dušimo še 5 minut, po potrebi mešamo.

56.Ohrovt in krompirjevi nuggets

SESTAVINE:
- 2 skodelici drobno sesekljanega krompirja
- 1 čajna žlička ekstra deviškega oljčnega olja ali olja oljne repice
- 1 strok česna, sesekljan
- 4 skodelice ohlapno pakiranega grobo narezanega ohrovta
- 1/8 skodelice mandljevega mleka
- 1/4 čajne žličke morske soli
- 1/8 čajne žličke mletega črnega popra
- Po potrebi pršilo z rastlinskim oljem

NAVODILA:
a) Krompir dodajte v veliko ponev z vrelo vodo. Kuhajte, dokler se ne zmehča, približno 30 minut.
b) V veliki ponvi segrejte olje na srednje močnem ognju. Dodamo česen in pražimo do zlato rjave barve. Dodamo ohrovt in ga pražimo 2 do 3 minute. Prenesite v veliko skledo.
c) Kuhan krompir odcedimo in prestavimo v srednje veliko skledo. Dodamo mleko, sol in poper ter pretlačimo z vilicami ali pretlačilom krompirja. Krompir prestavimo v večjo skledo in ga zmešamo s kuhanim ohrovtom.
d) Predgrejte cvrtnik na 390 °F za 5 minut.
e) Mešanico krompirja in ohrovta razvaljajte v 1-palčne kepice. Košaro cvrtnika poškropite z rastlinskim oljem. Postavite nuggets v cvrtnik in kuhajte 12 do 15 minut, dokler ne postanejo zlato rjavi, pri čemer stresajte 6 minut.

57.Osnovni na zraku ocvrt tofu

SESTAVINE:
- 1 (14 unč) paket ekstra trdega tofuja, zamrznjenega, odmrznjenega, odcejenega in stisnjenega
- 1 čajna žlička sezamovega olja
- 1/4 skodelice sojine omake z nizko vsebnostjo natrija ali tamarija
- 2 žlici riževega kisa
- 2 čajni žlički mletega ingverja, razdeljeno
- 2 žlički koruznega ali krompirjevega škroba
- 1 čajna žlička čičerikine moke ali moke iz rjavega riža

NAVODILA:
a) Blok tofuja narežite na 12 kock in jih prenesite v nepredušno posodo.
b) V majhni skledi zmešajte olje, sojino omako, kis in 1 čajno žličko ingverja. Z oljno mešanico prelijemo narezan tofu, posodo pokrijemo in postavimo v hladilnik, da se marinira vsaj 1 uro (idealno 8 ur).
c) Mariniran tofu odcedimo in ga prestavimo v srednje veliko skledo. V majhni skledi zmešajte koruzni škrob, čičerikino moko in preostalo 1 čajno žličko ingverja. Mešanico koruznega škroba potresemo po odcejenem tofuju in nežno premešamo s kleščami, tako da obložimo vse koščke tofuja.
d) Tofu prenesite v cvrtnik. Kuhajte pri 350°F 20 minut. Stresite 10 minut.

58.Mongolski tofu

SESTAVINE:
- Osnovni na zraku ocvrt tofu
- 1/4 skodelice sojine omake z nizko vsebnostjo natrija
- 1/4 skodelice vode
- 1/8 skodelice sladkorja
- 3 stroki česna, sesekljani
- 1/4 čajne žličke mletega ingverja

NAVODILA:
a) Medtem ko se tofu kuha v cvrtniku, v ponvi na srednje močnem ognju zmešajte sojino omako, vodo, sladkor, česen in ingver. Mešanico naj rahlo zavre, nato takoj zmanjšajte ogenj na nizko in ob občasnem mešanju zavrite.
b) Ko je tofu končan, ga prenesite v ponev in nežno vmešajte tofu v omako, dokler niso obložene vse kocke. Pokrijte in dušite na nizki temperaturi približno 5 minut (ali dokler tofu ne vpije omake).

59. Tofu s sezamovo skorjico

SESTAVINE:
- 1 (14 unč) paket ekstra trdega tofuja, zamrznjenega, odmrznjenega, odcejenega in stisnjenega
- 1/4 skodelice tamari ali sojine omake
- 1/8 skodelice riževega kisa
- 1/8 skodelice mirina (glejte opombo)
- 2 žlički sezamovega olja
- 2 žlički svetlega ali temnega agavinega sirupa ali veganskega medu
- 2 žlički mletega česna
- 1 čajna žlička naribanega svežega ingverja
- 1 do 2 brizgi repičnega olja
- 2 žlici črnega sezama
- 2 žlici belega sezama
- 1 čajna žlička krompirjevega škroba

NAVODILA:
a) Tofu postavite v nepredušno posodo, ki je približno velika kot blok tofuja, tako da ga marinada popolnoma prekrije. V majhni skledi zmešajte tamari, kis, mirin, sezamovo olje, agavo, česen in ingver. Tofu prelijemo z marinado, posodo pokrijemo in postavimo v hladilnik za 1 do 8 ur (dlje, tem bolje).
b) Tofu vzamemo iz posode in ga po dolžini razpolovimo. Nato vsako polovico po dolžini prerežemo na pol in oblikujemo 4 zrezke tofuja. Obe strani vsakega kosa namažite z marinado.
c) Košaro cvrtnika poškropite z oljem kanole. Predgrejte cvrtnik na 390 °F za 3 minute.
d) Na velik krožnik potresemo črna sezamova semena, bela sezamova semena in krompirjev škrob. Dobro kombinirajte. Zrezek tofuja vtisnite v semena, obrnite in vtisnite drugo stran tofuja v semena. Postavite tofu v košaro cvrtnika in nežno popivnajte semena na vrhu tofuja. Po potrebi dodajte več semen in jih nežno vtrite v tofu. Rezino tofuja odložite na krožnik.
e) Vrh tofuja popršite z dodatnim oljem kanole. Kuhajte pri 390°F 15 minut. Po približno 7 minutah nežno s kleščami preverite, ali se tofu ne drži. (Ne obračajte tofuja!)

60.Sambal Goreng Tempeh

SESTAVINE:
- 8 unč tempeha, narezanega na 12 enakih kock
- 2 skodelici tople vode
- 2 žlički morske soli
- 1/2 čajne žličke mlete kurkume
- 1 čajna žlička olja oljne repice ali avokadovega olja
- 2 čajni žlički tofuna ribje omake ali 1 čajna žlička sojine omake z nizko vsebnostjo natrija
- zmešanega s 1/4 čajne žličke dulse kosmičev
- 4 stroki česna
- 1/2 skodelice drobno sesekljane čebule
- 1 čajna žlička čili česnove paste
- 1 čajna žlička tamarind paste
- 2 žlici paradižnikove paste
- 2 žlici vode
- 2 žlički ponzu omake

NAVODILA:
a) Tempeh postavite v srednje veliko skledo. V srednje veliki merilni skodelici zmešajte toplo vodo in sol ter prelijte čez tempeh. Pustite, da se tempeh namaka 5 do 10 minut.
b) Odcedite tempeh in ga vrnite v skledo. Dodajte kurkumo, olje in ribjo omako Tofuna ter premešajte s kleščami, da se dobro prekrije.
c) Kocke tempeha prenesite v košaro cvrtnika. Kuhajte pri 320°F 10 minut. Stresite košaro cvrtnika, povečajte temperaturo na 400 °F in kuhajte še 5 minut.
d) Medtem ko je tempeh v cvrtniku, zmešajte česen, čebulo, čili česnovo pasto, tamarindovo pasto, paradižnikovo pasto, vodo in ponzu omako v kuhinjskem robotu in kuhajte 20 do 30 sekund. To mešanico prenesite v srednje veliko ponev in na srednje močnem ognju hitro zavrite. Omako pokrijte, zmanjšajte ogenj in pustite vreti 10 minut.
e) Kuhan tempeh prestavimo v ponev in ga z žlico ali kleščami stresemo v omako, da se vsak kos dobro obloži. Pokrijte in dušite na nizki temperaturi 5 minut.

61. Tempeh ražnjiči

SESTAVINE:
- 8 unč tempeha
- 3/4 skodelice zelenjavne juhe z nizko vsebnostjo natrija
- Sok 2 limon
- 1/4 skodelice tamari ali sojine omake z nizko vsebnostjo natrija
- 2 žlički ekstra deviškega oljčnega olja
- 1 čajna žlička javorjevega sirupa ali temnega agavinega sirupa
- 2 žlički mlete kumine
- 1 čajna žlička mlete kurkume
- 1/2 čajne žličke mletega črnega popra
- 3 stroki česna, sesekljani
- 1 srednja rdeča čebula, narezana na četrtine
- 1 majhna zelena paprika, narezana na tanke rezine
- 1 skodelica narezanih gob brez pecljev
- 1 skodelica razpolovljenih češnjevih paradižnikov

NAVODILA:
a) Tempeh dušite 10 minut v ponvi na štedilniku. Druga možnost je, da tempeh dušite 1 minuto pri nizkem tlaku v instant loncu ali loncu na pritisk; uporabite hitro sprostitev. V srednji skledi zmešajte juho, limonin sok, tamari, olje, javorjev sirup, kumino, kurkumo, poper in česen. Dati na stran.
b) Tempeh narežemo na 12 kock. Prenesite jih v nepredušno posodo. Zelenjavo položite v drugo nepredušno posodo. S polovico marinade prelijemo tempeh, s polovico pa zelenjavo. Oboje pokrijte in postavite v hladilnik za 2 uri (ali celo noč). Tempeh in zelenjavo odcedimo, marinado pa pustimo.
c) Na nabodalo nataknite 4 kocke tempeha, vsako z zelenjavo, da dobite ražnjič. Ta postopek ponovite, da naredite še 3 ražnjiče. Kabube položite v košaro cvrtnika ali na rešetko. (Če uporabljate manjši cvrtnik, boste morda morali kuhati v dveh serijah.) Kuhajte pri 390 °F 5 minut. Obrnite ražnjiče in jih pokapljajte s preostalo marinado. Kuhajte še 5 minut.

62.Pečen Gigante fižol

SESTAVINE:
- 1 1/2 skodelice kuhanega ali konzerviranega maslenega fižola ali velikega severnega fižola, opranega in odcejenega
- 1 čajna žlička ekstra deviškega oljčnega olja ali olja oljne repice
- 1 majhna čebula, narezana na 1/8-palčne debele rezine polmeseca
- 1 strok česna, sesekljan
- 1 (8 unč) pločevinka paradižnikove omake
- 1 žlica grobo sesekljanega svežega peteršilja
- 1/2 čajne žličke posušenega origana
- 1/2 čajne žličke veganskih zrnc piščančje juhe ali soli (neobvezno)
- 1/4 čajne žličke sveže mletega črnega popra

NAVODILA:
a) Fižol položite v enolončnico ali ponev, primerno za cvrtnik.
b) V srednji ponvi segrejte olje na srednje visoki temperaturi. Dodamo čebulo in česen ter pražimo 5 minut. Dodajte paradižnikovo omako, peteršilj, origano in zrnca juhe. Mešanico zavremo, ponev pokrijemo, ogenj zmanjšamo na nizko in pustimo vreti 3 minute.
c) Predgrejte cvrtnik na 360 °F za 3 minute. Paradižnikovo zmes prelijemo čez fižol in dobro premešamo. Po fižolu potresemo poper. Fižol položite v košaro cvrtnika. Kuhajte pri 360°F 8 minut.

63. Osebne pice

SESTAVINE:
- 4 unče pripravljenega testa za pico ali veganskega testa za pico, kupljenega v trgovini
- 2 brizgi ekstra deviškega oljčnega olja
- 1/3 skodelice omake za pico
- 1/3 skodelice nemlečnega naribanega sira mozzarella, razdeljeno
- 1/2 čebule, narezane na 1/8-palčne debele rezine polmeseca
- 1/4 skodelice narezanih gob
- 2 do 3 črne ali zelene olive, izkoščičene in narezane
- 4 listi sveže bazilike

NAVODILA:
a) Testo za pico položite na rahlo pomokano delovno površino in ga razvaljajte ali ga z rokami iztisnite (upoštevajte velikost košarice cvrtnika, da se bo prilegala). Testo poškropite z oljem in ga položite z naoljeno stranjo navzdol v košarico cvrtnika. Kuhajte pri 390°F 4 do 5 minut.
b) Ko je testo predpečeno, odprite cvrtnik – bodite previdni, saj je košara vroča – in omako razmažite po testu. Čez omako potresemo polovico sira. Dodajte čebulo, gobe, olive in baziliko. Po prelivu potresemo preostali sir.
c) Pecite pri 390 °F 6 minut (ali 7 do 8 minut za zelo hrustljavo skorjo).
d) Z lopatico odstranite pico iz cvrtnika.

64.Ocvrte hrenovke

SESTAVINE:
- 4 veganske hrenovke
- 2 žlički nemlečnega masla
- 4 Pretzel Hot Dog žemljice ali veganske hrenovke iz trgovine

NAVODILA:
a) Hrenovke prerežite po dolžini, ne da bi jih prerezali do konca. Hrenovke razporedite ravno, s prerezano stranjo navzgor. Na vsako hrenovko namažite 1/2 žličke masla.
b) Hrenovke položite z masleno stranjo navzdol v cvrtnik. Kuhajte pri 390°F 3 minute. Odstranite in postavite na stran.
c) Hrenovke postavite v cvrtnik in segrevajte pri 400 °F 1 minuto, da se rahlo popečejo. Hrenovke postrezite v žemljicah s svojimi najljubšimi začimbami.

65. Corn Dogs

SESTAVINE:
- 1/2 skodelice koruznega zdroba
- 1/2 skodelice nebeljene večnamenske moke
- 2 žlici granuliranega sladkorja
- 1 čajna žlička pecilnega praška
- 1/2 čajne žličke paprike
- 1/2 čajne žličke mlete gorčice
- 1/4 čajne žličke soli
- 1/8 čajne žličke črnega popra
- 1/2 skodelice ledeno mrzle vode
- 2 žlici Follow Your Heart VeganEgg
- 1/2 skodelice sojinega mleka
- 6 veganskih hrenovk

NAVODILA:

a) V veliki skledi zmešajte koruzni zdrob, moko, sladkor, pecilni prašek, papriko, gorčico, sol in poper.
b) V majhni skledi zmešajte vodo in VeganEgg. Dodajte mleko in dobro premešajte. Mešanico vode počasi vmešajte v mešanico koruzne moke in mešajte, da nastane gladka masa. Testo nalijte v visok zidan kozarec ali kozarec. Predgrejte cvrtnik na 390 °F za 5 minut.
c) Položite 6 (3 x 5-palčnih) kosov pergamentnega papirja (dovolj velikega, da lahko zvijete vsak pretepen corn dog).
d) 1 hrenovko položite na leseno palčko in jo pomočite v testo.
e) Corn dog položite na kvadrat pergamentnega papirja in zvijte hrenovko. Ta postopek ponovite s preostalimi hrenovkami. Zadnji lahko postane neurejen; če je potrebno, ga položite na krožnik in postrgajte preostalo testo iz zidanega kozarca ter z njim vtrite hrenovko, preden jo zvijete v pergamentni papir.
f) Zavite koruzne pse položite v veliko zamrzovalno vrečko in jo plosko položite v zamrzovalnik. Hladite v zamrzovalniku najmanj 2 uri.
g) Pretepene koruzne pse odstranite iz zamrzovalnika in jih odvijte. Na košaro cvrtnika položite kos pergamentnega papirja (dovolj, da pokrije dno, vendar brez odvečnega papirja nad dnom košare). Koruzne pse položite na pergamentni papir.
h) Morda boste morali to narediti v serijah, odvisno od velikosti cvrtnika; če je tako, pustite preostale koruzne pasme v zamrzovalniku, dokler jih ne boste pripravljeni uporabiti. Kuhajte pri 390°F 12 minut.

66.Polnjen pečen krompir

SESTAVINE:
- 2 srednje rdečkasta krompirja, očiščena
- 1 skodelica ostankov domačega čilija ali enolončnice ali 1 (15 unč) pločevinka veganskega čilija ali enolončnice
- 1/2 skodelice nemlečnega naribanega sira cheddar ali mocarela
- 1/4 skodelice nemlečne kisle smetane
- 2 žlici drobno sesekljanega drobnjaka

NAVODILA:
a) Krompir prebodemo z vilicami in ga razporedimo v košaro cvrtnika. Kuhajte pri 390°F 30 minut.
b) Čili segrejte na štedilniku ali v mikrovalovni pečici, dokler ni vroč.
c) Krompir previdno vzemite iz košare in ga narežite po dolžini, ne da bi ga prerezali do konca. V vsak krompir dajte 1/2 skodelice vročega čilija. Čez vsak krompir dodajte 1/4 skodelice sira.
d) Krompir vrnite v cvrtnik in nadaljujte s kuhanjem pri 390 °F še 5 do 10 minut. Krompir postrezite s kančkom kisle smetane in drobnjakom.

67.Ocvrt stročji fižol in slanina

SESTAVINE:
- 6 unč tempeh slanine ali veganske slanine, kupljene v trgovini
- 1 čajna žlička Vegan Magic ali DIY "Vegan Magic"
- 1 čajna žlička granuliranega sladkorja
- 12 unč sveže haricots verts (francoski stročji fižol)

NAVODILA:
a) Slanino položite v košaro cvrtnika. Kuhajte pri 390°F 5 minut.
b) V ponvi, primerni za cvrtnik, zmešajte Vegan Magic in sladkor. Dodajte zelene haricots in jih premešajte s kleščami, da jih prekrijete z mešanico Vegan Magic.
c) Odstranite slanino iz košare cvrtnika. Slanino previdno narežemo na kocke. V ponev dodajte slanino in jo premešajte z haricots verts.
d) Kuhajte pri 390°F 4 minute.

68. Pečeni špageti

SESTAVINE:
- 4 unče tanki špageti
- 1 čajna žlička ekstra deviškega oljčnega olja
- 8 unč veganskih govejih drobtin
- 1/4 skodelice drobno sesekljane čebule
- 2 stroka česna, nasekljana
- 1 čajna žlička posušenega origana
- 1 čajna žlička posušene bazilike
- 1 do 2 brizgi ekstra deviškega oljčnega olja
- 1 (15 unč) kozarec marinara omake
- 1 skodelica nemlečnega naribanega sira mocarela

NAVODILA:
a) Špagete kuhajte v veliki ponvi z vrelo vodo, dokler niso al dente, približno 8 minut. Odcedimo in odstavimo.
b) V veliki ponvi na majhnem ognju segrejte olje. Dodajte drobtine, čebulo, česen, origano in baziliko. Pražite, dokler se drobtine ne segrejejo, 5 do 7 minut.
c) Posodo, primerno za cvrtnik, ki se prilega v cvrtnik, popršite z oljem. Polovico špagetov preložimo na posodo. Dodajte polovico drobtin, polovico marinara omake in polovico sira. Dodajte preostale špagete, preostale drobtine, drugo plast omake marinara in preostali sir. Kuhajte pri 350°F 15 minut.

69.Mesne kroglice

SESTAVINE:
- 1/2 skodelice suhega TVP
- 1/2 skodelice zelenjavne juhe
- 1 1/2 skodelice kuhanega (ali konzerviranega) fižola kanelini, odcejenega in opranega
- 1/4 skodelice mletega lanenega semena
- 2 žlici sezamovih semen
- 2 žlici čičerikine moke
- 1 čajna žlička morske soli
- 2 žlici prehranskega kvasa
- 1 čajna žlička posušene bazilike
- 1 čajna žlička posušenega timijana
- 1 čajna žlička pekoče omake
- 1 do 2 brizgi repičnega olja

NAVODILA:

a) TVP postavite v srednje veliko skledo in ga prelijte z juho. Pustite, da se TVP rehidrira 10 minut. TVP prenesite v kuhinjski robot in dodajte fižol, laneno seme, sezamovo seme, moko, sol, prehranski kvas, baziliko, timijan in pekočo omako. Mešajte, dokler sestavine ne dobijo konsistence, podobne testu.

b) Oblikujte mesne kroglice tako, da zajemate približno 2 žlici TVP mešanice in jih povaljate v dlaneh.

c) Košaro cvrtnika poškropite z oljem. Mesne kroglice položite v košarico (morda boste morali skuhati več kot eno serijo, odvisno od velikosti cvrtnika).

d) Kuhajte pri 360 °F 10 do 12 minut in na polovici časa kuhanja stresajte.

70.Pečen sejtan na piščančji način

SESTAVINE:
- 1 skodelica mešanice suhega seitana
- 3/4 skodelice veganske piščančje juhe
- 1 žlica tamarija z nizko vsebnostjo natrija
- 1/2 čajne žličke repičnega olja
- 1/2 čajne žličke črne melase
- 1 do 2 brizgi rastlinskega olja v spreju

NAVODILA:
a) Mešanico suhega seitana vlijemo v posodo stoječega mešalnika.
b) V majhni skledi zmešajte juho, tamari, repično olje in melaso.
c) Namestite stojni mešalnik s kavljem za testo in mešalnik vključite na nizko stopnjo. Počasi dodajte jušno mešanico v suho mešanico seitana. Povečajte hitrost stoječega mešalnika na visoko in gnetite seitan 5 minut.
d) 7-palčni pekač namastite z 1 do 2 brizgom rastlinskega olja. Seitan pritisnemo v ponev. (Če je to preveliko za vaš cvrtnik, poiščite primerno velik pekač, primeren za pečico. Morda boste morali sejtan speči v dveh serijah.) Pekač pokrijte s folijo.
e) Ponev postavite v cvrtnik. Kuhajte pri 350°F 10 minut. Odstranite ponev iz cvrtnika, odkrijte, sejtan obrnite z lopatko in ponev ponovno pokrijte. Kuhajte še 10 minut.

71. Mešanica suhega seitana

SESTAVINE:
- 3 skodelice vitalnega pšeničnega glutena
- 1/2 skodelice čičerikine moke
- 1/4 skodelice prehranskega kvasa
- 4 žličke veganske začimbe za piščanca
- 1 čajna žlička česna v prahu
- 1 čajna žlička sveže mletega črnega popra

NAVODILA:
a) V veliki skledi zmešajte gluten, moko, prehranski kvas, začimbe za piščanca, česen v prahu in poper.
b) Mešanico prenesite v nepredušno posodo, kot je velik kozarec, in jo shranite v hladilniku do 3 mesece.

72. Chick'n-Fried Steak

SESTAVINE:
- 1 skodelica mešanice suhega seitana
- 3/4 skodelice veganske piščančje juhe
- 1 žlica tamarija z nizko vsebnostjo natrija
- 1/2 čajne žličke repičnega olja
- 1/2 čajne žličke črne melase
- 1 do 2 brizgi rastlinskega olja
- 1/2 skodelice sojinega ali drugega nemlečnega mleka
- 3 žlice omake za žar
- 3 žlice čičerikine moke
- 1 skodelica nebeljene večnamenske moke
- 1/4 skodelice prehranskega kvasa
- 2 žlici koruznega zdroba
- 1 čajna žlička česna v prahu
- 1/2 čajne žličke morske soli
- 1/4 čajne žličke črnega popra

NAVODILA:
a) Mešanico suhega seitana vlijemo v posodo stoječega mešalnika.
b) V majhni skledi zmešajte juho, tamari, repično olje in melaso.
c) Namestite stojni mešalnik s kavljem za testo in mešalnik vključite na nizko stopnjo. Počasi dodajte jušno mešanico v suho mešanico seitana. Povečajte hitrost mešalnika na visoko in gnetite seitan 5 minut.
d) 7 x 7 x 3-palčni pekač popršite z 1 do 2 brizgom rastlinskega olja. Sejtan vtisnite v pripravljen pekač. (Če je ta velikost pekača prevelika za vaš cvrtnik, poiščite primerno velik pekač, ki je primeren za pečico. Morda boste morali sejtan speči v dveh serijah.) Pekač pokrijte s folijo.
e) Ponev postavite v cvrtnik. Kuhajte pri 350°F 10 minut. Odstranite ponev iz cvrtnika, odkrijte, sejtan obrnite z lopatko in ponev ponovno pokrijte. Kuhajte še 10 minut. Odstranite seitan iz cvrtnika in ga postavite na stran.
f) V srednji skledi zmešajte mleko, omako za žar in čičerikino moko v srednji skledi.
g) V majhni skledi zmešajte večnamensko moko, prehranski kvas, koruzni zdrob, česen v prahu, sol in poper. Polovico večnamenske mešanice moke prenesite v nepredušno posodo, polovico pa v plitvo posodo za poglabljanje.
h) Predgrejte cvrtnik na 370 °F za 3 minute. Ko je sejtan dovolj hladen, da se ga lahko dotaknete, ga razrežite na 4 kose.
i) Vsak košček sejtana pomočite v mlečno mešanico. Nato sejtan preluknjajte skozi večnamensko mešanico moke. Po potrebi dodajte več večnamenske mešanice moke iz nepredušne posode (sicer shranite preostalo mešanico večnamenske moke v hladilniku za prihodnjo uporabo). Mlečne mešanice ne zavrzite, ko so vsi kosi sejtana stepti.
j) Kuhajte sejtan na 370 °F 2 minuti. Seitan obrnite s kleščami in kuhajte še 2 minuti. Odstranite chik'n-fred zrezke iz cvrtnika in jih potopite nazaj v preostalo mlečno mešanico ter jih obrnite, da so prekriti z obeh strani.
k) Popečene zrezke vrnite v cvrtnik in jih pecite še 3 minute.

73. Chick'n Pot Pie

SESTAVINE:
- Testo za ocvrte piškote ali pripravljeni veganski piškoti v eni (16 unč) tubi
- 1 čajna žlička ekstra deviškega oljčnega olja (neobvezno)
- 2 stroka česna, nasekljana
- 1 skodelica drobno sesekljane čebule
- 1/2 skodelice drobno sesekljanega korenja
- 1/2 skodelice grobo sesekljane zelene
- 1 čajna žlička posušenega timijana
- 1/2 čajne žličke morske soli
- 1/4 čajne žličke črnega popra
- 4 unče veganskih piščančjih trakov, odmrznjenih, če so zamrznjeni
- 1 skodelica gobove omake iz belega fižola ali veganske gobove omake znamke Pacific ali znamke Imagine

NAVODILA:
a) Pripravimo polovico biskvitne mase in jo odstavimo (ne pečemo).
b) V veliki ponvi na srednjem ognju segrejte olje. Dodajte česen, čebulo, korenje, zeleno, timijan, sol in poper ter kuhajte 5 do 8 minut, dokler se korenje ne zmehča in rahlo hrustlja.
c) Piščančje trakove grobo nasekljajte in dodajte v ponev. Omako vlijemo v ponev, premešamo in zmes zavremo. Pokrijte, zmanjšajte ogenj in pustite vreti 10 minut.
d) Mešanico za pito v lončku razdelite na 2 pekača (premera 5 palcev) ali pekača.
e) Cvrtnik predgrejte na 360° za 5 minut. Če uporabljamo testo za ocvrte biskvite, testo razdelimo na pol. Z rokami sploščite 2 kosa testa, da greste čez vsak ramekin. Če uporabljate kupljene piškote, Sestavine skupaj 4 piškote. Z rokami združite 2 piškota in ju sploščite v testo za pokrivanje ramekina. Ponovite ta postopek, da ustvarite drugi kos testa za drugi ramekin.
f) Vzemite 1 polovico biskvitnega testa in pokrijte ramekin. Testo stisnite okoli roba ramekina, da popolnoma pokrijete zmes za pito. Ta postopek ponovimo še z drugo polovico biskvitnega testa in drugim ramekinom.
g) Ramekine postavite v cvrtnik. (Morda boste morali pripraviti eno pito naenkrat, odvisno od velikosti vašega cvrtnika; če je tako, postavite prvo pečeno pito v toplo pečico, medtem ko pečete drugo.)
h) Pečemo pite pri 360°F 8 minut, dokler ne postanejo zlato rjave. Uporabite silikonske rokavice ali vroče blazinice z lopatico, da previdno odstranite pite iz cvrtnika.

74. Ocvrti takosi

SESTAVINE:
- 4 (6-palčne) tortilje iz moke
- 4 razpršilci olja oljne repice v spreju
- 2 skodelici zamrznjenih veganskih začinjenih govejih drobtin (kot je Beyond Meat Feisty Crumble)
- 1 skodelica naribanega nemlečnega sira čedar ali poper Jack
- 2 skodelici narezane zelene solate
- 1 skodelica drobno sesekljanega paradižnika
- 1/2 skodelice drobno sesekljane čebule

NAVODILA:
a) Predgrejte cvrtnik na 360 °F za 3 minute. V cvrtnik postavite držalo za takose iz nerjavečega jekla.
b) Eno stran tortilj poškropite z oljem oljne repice. Tortilje vstavite v držalo za takose, z naoljeno stranjo navzven. V vsako tortiljo zajemajte 1/2 skodelice govejih drobtin. Vsaki tortilji dodajte 1/4 skodelice sira.
c) Kuhajte pri 360°F 8 minut.
d) Odstranite stojalo za taco iz cvrtnika s kleščami. Vsak taco okrasite s 1/2 skodelice zelene solate, 1/4 skodelice paradižnika in 2 žlicama čebule.

75. Gurmanski sir na žaru

SESTAVINE:
- 1 majhna anžujska ali azijska hruška (ali katera koli sočna, mehka hruška)
- 1 majhna vidalija ali sladka čebula
- 1/4 čajne žličke sladkorja
- 1/2 do 1 čajna žlička ekstra deviškega oljčnega olja ali nemlečnega masla
- 1/2 skodelice nemlečnega kremnega sira
- 4 rezine kruha iz kislega testa ali drugega hrustljavega kruha
- 2 do 4 brizge ekstra deviškega oljčnega olja

NAVODILA:
a) Hruško vzdolžno narežemo na tanke rezine. Čebulo narežemo na tanke polmesečaste rezine. Na kos folije položite hruško, čebulo in sladkor.
b) Hruške in čebulo pokapajte z oljem (ali nanj položite maslo). Ohlapno ovijte folijo okoli hruške in čebule. Vrečko iz folije položite v cvrtnik z zračno košaro. Kuhajte pri 390°F 15 minut.
c) Vrečko iz folije odstranite iz cvrtnika s kleščami ali lopatko, odprite folijo, da izpustite paro, in jo postavite na stran.
d) Na 1 rezino kruha namažite 2 žlici kremnega sira. Na kremni sir s kleščami položimo polovico karamelizirane hruške in čebulo. Na drugo rezino kruha namažite še 2 žlici kremnega sira. To rezino kruha položite na hruško in čebulo.
e) Ponovite ta postopek, da naredite drugi sendvič. Z oljem popršite košaro cvrtnika. Sendviče postavite v cvrtnik.
f) Vrh kruha poškropite z več olja. Pecite pri 390°F 5 do 7 minut, dokler kruh ni zlato rjav.

76.Pečena čičerika in brokoli

SESTAVINE:
- 1 (15 unč) pločevinka čičerike, odcejene, oprane in popivnane
- 1/2 skodelice tankih polmesečnih rezin čebule
- 1 čajna žlička repičnega olja
- 1 čajna žlička sojine omake z nizko vsebnostjo natrija
- 1 čajna žlička mletega ingverja
- 1/2 čajne žličke granuliranega česna
- 1/2 čajne žličke črnega popra
- 1/2 čajne žličke karija
- 2 skodelici cvetov brokolija
- 1 žlica sezamovih semen, za serviranje

NAVODILA:
a) V veliki skledi zmešajte čičeriko, čebulo, olje in sojino omako. Dodajte ingver, granuliran česen, poper in curry v prahu ter premešajte, dokler ni vsa čičerika dobro prekrita.
b) Prenesite čičeriko v košarico cvrtnika z žlico z režami (da prihranite olje in marinado iz sojine omake). Kuhajte pri 390 °F 7 minut, stresajte 5 minut.
c) V veliki skledi zmešajte brokoli z ostanki marinade.
d) Ko se čičerika in čebula kuhata 7 minut, prestavite v cvrtnik. Brokoli nežno premešajte s čičeriko in čebulo.
e) Nadaljujte s kuhanjem pri 390°F še 5 minut, na polovici časa kuhanja stresajte, dokler se brokoli ne zmehča, vendar še rahlo hrustlja.
f) Čez vsako porcijo potresemo 1/2 žlice sezamovih semen.

77. Seitan Fajitas

SESTAVINE:
- 8 unč pečenega piščančjega seitana , narezanega na 1/2-palčne debele trakove ali trakove seitana, kupljene v trgovini
- 1 velika rdeča paprika, narezana na 1/4-palčne debele trakove
- 1 velika zelena paprika, narezana na 1/4-palčne debele trakove
- 1 srednja čebula, narezana na 1/4-palčne debele rezine polmeseca
- 3 stroki česna, grobo sesekljani
- 1 čajna žlička repičnega olja
- 1/2 čajne žličke čilija v prahu
- 1/2 čajne žličke mlete kumine
- 1/2 čajne žličke paprike
- 1/4 čajne žličke morske soli
- 1/4 čajne žličke črnega popra
- 4 (12-palčne) tortilje iz moke

NAVODILA:
a) Rezine seitana dajte v veliko skledo (če uporabljate pakiran seitan, ga odcedite, preden dodate v skledo).
b) Dodajte rdečo papriko, zeleno papriko, čebulo in česen v skledo s seitanom.
c) Seitan in zelenjavo pokapajte z oljem in jih s kleščami premešajte. Dodajte čili v prahu, kumino, papriko, sol in poper ter premešajte.
d) Mešanico prenesite v košaro cvrtnika. Kuhajte pri 370 °F 10 do 12 minut in na polovici časa kuhanja stresajte.
e) Tortilje segrejte v pečici ali mikrovalovni pečici.
f) Sestavite fajite tako, da v vsako tortiljo položite eno četrtino seitana in zelenjave.

78.Taco solata

SESTAVINE:
- 4 (8-palčne) tortilje iz moke
- 8 unč pečenega piščančjega seitana ali seitana, kupljenega v trgovini, grobo narezanega
- 1 (15 unč) pločevinka pinto fižola, odcejena in splaknjena
- 3/4 skodelice salse
- 1/2 skodelice drobno sesekljane čebule
- 1 skodelica naribanega nemlečnega sira cheddar
- 2 skodelici drobno narezane zelene solate
- 1 skodelica drobno sesekljanega paradižnika

NAVODILA:
a) Tortilje vtisnite v modelčke za školjke. Dati na stran.
b) Seitan položite v srednje veliko skledo. Dodajte fižol, salso in čebulo. Dobro kombinirajte.
c) Mešanico seitana razdelite med tortilje. Verjetno boste lahko naenkrat pripravili le 2 solati s takosom v velikem cvrtniku in 1 v majhnem cvrtniku. Vklopite pečico, da se segreje, da segreje vsako takoso solato, ko pride iz cvrtnika.
d) V cvrtnik položite toliko tortiljinih lupin, kolikor jih je. Kuhajte pri 360°F 5 minut.
e) Na vsako tortiljo dodajte 1/2 skodelice sira. Kuhajte pri 360°F 2 minuti dlje. Pečene sklede za tortilje prenesite v pečico, da se segrejejo med peko naslednjega kompleta.
f) Ko so vse sklede za tortilje pečene, jih s kleščami nežno potisnite iz modela s tortiljino lupino na servirni krožnik. Vsaki taco solati dodajte 1 skodelico narezane zelene solate in 1/2 skodelice paradižnika.

79.Ocvrti riž Tempeh

SESTAVINE:
- 8 unč tempeha
- 1/2 skodelice grobo narezanih gob šitake
- 1/2 skodelice plus 1 žlica sojine omake z nizko vsebnostjo natrija, razdeljeno
- 2 žlici javorjevega sirupa
- 1 čajna žlička ekstra deviškega oljčnega olja
- 2 stroka česna, nasekljana
- 1/2 skodelice ledeno mrzle vode
- 2 žlici Follow Your Heart VeganEgg
- 1/4 čajne žličke črne soli
- 1 1/2 skodelice kuhanega rjavega riža
- 2 žlici prehranskega kvasa
- 1 skodelica fižolovih kalčkov
- 1 skodelica narezanega zelja
- 1 čajna žlička čilijeve paste

NAVODILA:
a) Tempeh dušite 10 minut v srednje veliki ponvi na štedilniku (ali 1 minuto pri nizkem tlaku v instant loncu ali loncu na pritisk; uporabite hitro sprostitev). Tempeh narežite na 12 kosov in ga preložite v plitvo posodo. Dodajte gobe.

b) V majhni skledi zmešajte 1/2 skodelice sojine omake, javorjev sirup, olje in česen. Tempeh in gobe prelijemo z marinado. Posodo pokrijte s folijo in pustite, da se marinira vsaj 30 minut (lahko tudi čez noč).

c) Predgrejte cvrtnik na 390 °F za 5 minut. V mešalniku zmešajte vodo, VeganEgg in črno sol. Marinirani tempeh in gobe prenesite v ponev ali pekač proti prijemanju, ki bo ustrezal vašemu cvrtniku. V ponev dodamo kuhan riž.

d) Mešanico VeganEgg prelijemo čez riž. Dodajte prehranski kvas, kalčke, zelje, preostalo 1 žlico sojine omake in čilijevo pasto.

e) Dobro premešajte in potresite riž. Kuhajte pri 390 °F 10 minut, na polovici časa kuhanja mešanico riža premešajte s kleščami.

80.Soy Curl Kimchee Spomladanski zvitki

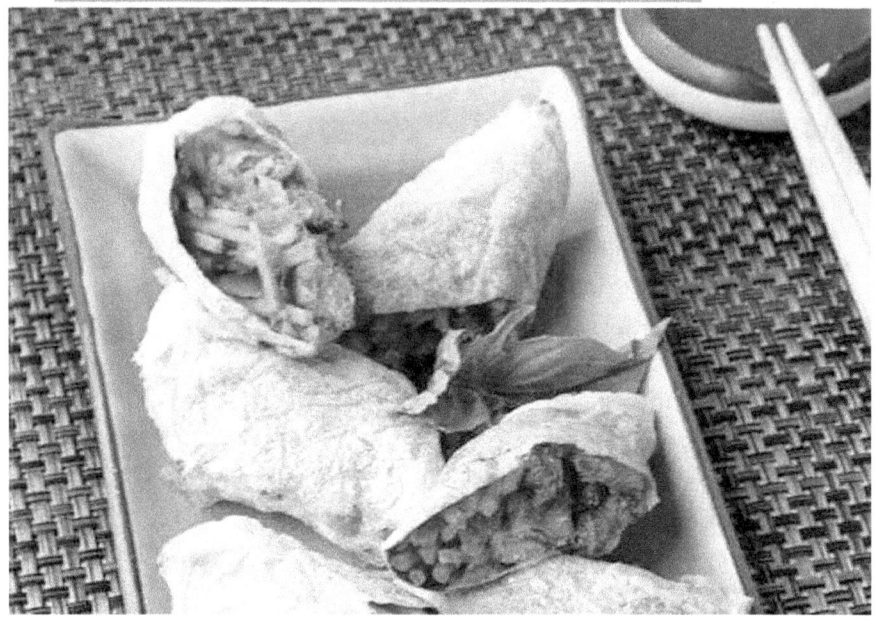

SESTAVINE:
- 1 skodelica Soy Curl krompirčka ali veganskih zamrznjenih piščančjih trakov
- 1 majhen korenček
- 4 listi sveže bazilike
- 1/2 skodelice domačega ali v trgovini kupljenega veganskega kimcheeja
- 4 (6 do 8 1/2-palčnih) listov riževega papirja
- 2 do 3 brizge repičnega olja

NAVODILA:
a) Pripravite krompirček Soy Curl. Če uporabljate veganske piščančje trakove, jih odmrznite in po dolgem prerežite na pol.
b) Korenček narežemo na vžigalice, ki jih razdelimo na četrtine.
c) 1 list riževega papirja potopite v toplo vodo za 5 sekund ali dokler ni navlažen. Vlažen rižev papir položite na delovno površino in pustite stati 30 sekund ali dokler ni upogljiv. Na rižev papir položite 1 list bazilike. Dodajte eno četrtino korenčkovih vžigalic, 2 žlici kimčija in 1/4 skodelice krompirčka Soy Curl.
d) Rižev papir zvijte tako, da povlečete rob stran od deske za rezanje. Povaljajte čez nadev, medtem ko nadev zbirate in potiskate pod ovoj, valjajte dokler ne pridete do konca papirja. Ta postopek ponavljajte, dokler ne ustvarite 4 spomladanskih zavitkov.
e) Na košaro cvrtnika popršite 1 do 2 brizga olja oljne repice. Postavite spomladanske zvitke v košaro cvrtnika in jih po vrhu poškropite s preostalim 1 do 2 razpršenim oljem. Kuhajte pri 400 °F 6 minut in na polovici časa kuhanja stresajte.

81. enolončnica za lazanjo

SESTAVINE:
- 1 manjša bučka
- 1 majhna rumena buča
- 1 srednja čebula
- 1 velika rdeča paprika
- 5 unč nemlečnega bivoljega sira mocarela
- 1/4 skodelice narezanih izkoščičenih črnih oliv, sušenih v olju
- 1 čajna žlička posušene bazilike
- 1 čajna žlička morske soli
- 1/2 čajne žličke posušenega origana
- 1/4 čajne žličke kosmičev rdeče paprike
- 1/4 čajne žličke mletega črnega popra
- 1 (15 unč) pločevinka paradižnikove omake
- 1/4 skodelice naribanega nemlečnega parmezana

NAVODILA:
a) Bučko in rumeno bučo narežite po dolžini na 1/8- do 1/4-palčne debele trakove. Oboje razdelite na dva dela.
b) Čebulo narežite na polmesečne rezine. Rezine razdelite na tri dele. Papriko narežite po dolžini na 1 1/2-palčne trakove. Trakove razdelite na tri dele.
c) Mocarelo narežite na 1/4-palčne kocke. Prenesite kocke v majhno skledo in dodajte olive, baziliko, sol, origano, kosmiče rdeče paprike in poper. Dobro premešamo in zmes razdelimo na tri dele.
d) Predgrejte cvrtnik na 360°F za 5 minut. Razporedite 1/2 skodelice paradižnikove omake na dno 6 do 7-palčnega pekača. Na paradižnikovo omako položite po en del bučk, bučk, čebule in paprike. Dodajte prvo tretjino zmesi mocarele. Ta postopek ponovite še za 2 plasti. Zgornjo plast potresemo s parmezanom.
e) Pekač pokrijte s folijo, prenesite v cvrtnik in pecite pri 360°F 15 minut. Odkrijemo in kuhamo še 10 minut.

82. Krompir, kalčki in sojini kodri

SESTAVINE:
- 1 velik rdečerjav krompir, narezan na 1/2-palčne kocke
- 1 1/2 čajne žličke kanolinega olja, razdeljeno
- 1/2 čajne žličke morske soli
- 1/4 čajne žličke črnega popra
- 2 skodelici suhih sojinih kodrov
- 2 skodelici tople vode
- 16 unč brstičnega ohrovta, obrezanega in prepolovljenega po dolžini
- 1 čajna žlička balzamičnega kisa
- 1 1/2 čajne žličke zrnc veganske goveje juhe
- 1 čajna žlička mlete kumine
- 1 čajna žlička čilija v prahu
- 1 čajna žlička posušenega kopra
- 1 žlica čičerikine moke
- 1 žlica koruznega škroba

NAVODILA:
a) Krompir stresite v 1/2 čajne žličke olja, soli in popra ter prenesite v cvrtnik. Kuhajte pri 400°F 10 minut. V srednji skledi rehidrirajte Soy Curls v topli vodi 10 minut. V srednje veliki skledi premešajte brstični ohrovt s 1/2 čajne žličke olja oljne repice in kisa.
b) Ko cvrtnik po 10 minutah zapiska, prestavite brstični ohrovt v cvrtnik skupaj s krompirjem. Pretresite in kuhajte pri 400 °F 3 minute.
c) Odcedite sojine kodre, jih prenesite nazaj v skledo in jih premešajte z zrnci juhe, kumino, čilijem v prahu, koprom, čičerikino moko, koruznim škrobom in preostalo 1/2 čajne žličke repičnega olja.
d) Ko cvrtnik po 3 minutah zapiska, prenesite obložene sojine kodre v košaro s krompirjem in brstičnim ohrovtom.
e) Pretresite in nastavite časovnik na 15 minut. Pretresite vsakih 5 minut.

83. Calzone

SESTAVINE:
- 4 unče pripravljenega testa za pico ali veganskega testa za pico, kupljenega v trgovini
- 1/4 skodelice naribanega nemlečnega sira mocarela
- 1/4 skodelice narezanih gob
- 1/4 skodelice narezane čebule
- 2 unči veganskih sejtanovih drobtin v italijanskem slogu ali veganskih feferonov
- 1/4 skodelice omake za pico
- 1/2 čajne žličke posušenega origana
- 1/2 čajne žličke posušene bazilike
- 1/2 skodelice ohlapno zapakiranih listov mlade špinače
- 2 do 3 brizgi ekstra deviškega oljčnega olja ali olja oljne repice

NAVODILA:
a) Pustite, da se testo za pico segreje na sobno temperaturo. Ročno pritisnite ali razvaljajte testo na približno 10 centimetrov.
b) Če uporabljate vložek za žar, ga postavite v cvrtnik. Predgrejte cvrtnik na 390 °F.
c) Na polovico vlečenega testa sestavimo plasti. Začnite s sirom, nato dodajte gobe, čebulo, sejtanove drobtine, omako za pico, origano, baziliko in špinačo. Drugo polovico testa zvrnemo čez nadev. Robove zavihajte tako, da spodnjo plast testa povlečete čez zgornjo plast.
d) Narežite tri majhne rezine na zgornji del testa, da odzračite. Vložek za žar ali košaro cvrtnika poškropite z oljem. Z veliko lopatico prenesite calzone v košaro cvrtnika. Vrh calzona poškropite z dodatnim oljem.
e) Kuhajte pri 390 °F 7 do 8 minut, dokler skorja ni zlato rjava. Calzone potisnite na desko za rezanje ali servirni krožnik. Razrežite na 2 kosa in postrezite.

84. Ocvrti suši zvitki

SESTAVINE:
- 4 (6 do 8 1/2-palčnih) listov riževega papirja
- 4 (8 x 7-palčni) listi nori
- 1/4 skodelice na sobni temperaturi kuhanega riža za suši
- 1/4 skodelice odmrznjenega edamama
- 1 skodelica na tanke rezine narezane rdeče paprike, korenja in jicama
- 1 do 2 brizgi avokadovega olja ali ekstra deviškega oljčnega olja

NAVODILA:
a) 1 list riževega papirja potopite v toplo vodo za približno 5 sekund ali dokler ni navlažen. Vlažen rižev papir položite na delovno površino in pustite stati 30 sekund ali dokler ni upogljiv.
b) Na moker rižev papir položite 1 list nori. Na list nori z žlico stresite 1 žlico riža za suši, tako da naredite črto z rižem. Z žlico dajte 1 žlico edamama na list nori poleg riža, tako da oblikujete drugo linijo. Sestavite 1/4 skodelice narezane zelenjavne mešanice poleg riža in edamama.
c) Rižev papir zvijte tako, da povlečete rob stran od deske za rezanje. Povaljajte čez nadev, medtem ko zbirate in potiskate nori list in nadev pod rižev papir, valjajte, dokler ne pridete do konca papirja. Ta postopek ponavljajte, dokler ne ustvarite 4 zvitkov.
d) Zvitke položite v košaro cvrtnika. Zvitke poškropite z oljem. Kuhajte pri 390 °F 5 minut, na polovici časa kuhanja stresajte.

PRILOGE

85. Cvrtnik cvetača

SESTAVINE:
- 3/4 žlice pekoče omake
- 1 žlica avokadovega olja
- Sol po okusu
- 1 srednja glavica cvetače, narezana na koščke, oprana in popolnoma osušena

NAVODILA:
a) Predgrejte cvrtnik na 400F / 200C
b) V veliki skledi zmešajte pekočo omako, mandljevo moko, avokadovo olje in sol.
c) Dodajte cvetačo in mešajte, dokler ni prekrita.
d) Dodajte polovico cvetače v cvrtnik in pražite 1215 minut (ali dokler ne postane hrustljava na robovih z majhnim ugrizom ali dokler ne doseže želene pečenosti).
e) Odprite cvrtnik in 23-krat stresite košaro za cvrtje, da se cvetača obrne. Odstranite in postavite na stran.
f) Dodajte drugo serijo, vendar jo kuhajte 23 minut manj .
g) Postrezite tople (čeprav jih lahko postrežete tudi hladne) z dodatno pekočo omako za pomakanje.

86.Jicama krompirček

SESTAVINE:
- 8 skodelic Jicama, olupljenih, narezanih na tanke vžigalice
- 2 žlici olivnega olja
- 1/2 čajne žličke česna v prahu
- 1 čajna žlička kumine
- 1 čajna žlička morske soli
- 1/4 čajne žličke črnega popra

NAVODILA:
a) Na štedilniku zavremo velik lonec vode. Dodajte krompirček jicama in kuhajte 12 do 15 minut, dokler ne postane več hrustljav.
b) Ko jicama niso več hrustljave, jih odstranite in posušite.
c) Pečico za cvrtnik nastavite na 400 stopinj in pustite, da se predgreje 2 do 3 minute. Namastite stojala za cvrtnik ali košaro, ki jo boste uporabljali.
d) Pomfrit dajte v veliko skledo skupaj z oljčnim oljem, česnom v prahu, kumino in morsko soljo. Premešajte na plašč.

87. Zelenjavni ražnjiči

SESTAVINE:

- 1 skodelica (75 g) gob
- 1 skodelica (200 g) grozdnih paradižnikov
- 1 manjša bučka narezana na kocke
- 1/2 čajne žličke mlete kumine
- 1/2 narezane paprike
- 1 manjša čebula narezana na koščke (ali 34 majhnih šalotk, prepolovljenih)
- Sol po okusu

NAVODILA:

a) namočite v vodo vsaj 10 minut .
b) Predgrejte cvrtnik na 390 F / 198 C.
c) Zelenjavo nataknite na nabodala.
d) Nabodala postavite v cvrtnik in pazite, da se ne dotikajo. Če je košara cvrtnika majhna, boste morda morali odrezati konce nabodal, da se prilegajo.
e) Kuhajte 10 minut , na polovici časa kuhanja obrnite. Ker se temperature cvrtnika lahko razlikujejo, začnite s krajšim časom in nato po potrebi dodajte več.
f) Zelenjavne ražnjiče preložimo na krožnik in postrežemo.

88.Špageti Squash

SESTAVINE:
- 1 (2 lbs.) špageti squash
- 1 skodelica vode
- Cilantro za postrežbo
- 2 žlici svežega cilantra za okras

NAVODILA:
a) Bučo prerežite na pol. Odstranite semena iz njihovega središča.
b) V vložek instant lonca nalijte skodelico vode in vanj postavite podstavek.
c) Obe polovici buče razporedite po podstavku s kožo navzdol.
d) Pritrdite pokrov in izberite »Ročno« z visokim pritiskom za 20 minut.
e) Po pisku naredite Natural sprostitev in odstranite pokrov.
f) Odstranite bučo in jo z dvema vilicama razrežite od znotraj.
g) Po potrebi postrezite s pikantnim svinjskim nadevom.

89.Kumarična solata iz kvinoje

SESTAVINE:
- ½ skodelice kvinoje, oprane
- ¾ skodelice vode
- ¼ čajne žličke soli
- ½ korenčka, olupljenega in narezanega
- ½ kumare, sesekljane
- ½ skodelice zamrznjenega edamama, odmrznjenega
- 3 zelene čebule, sesekljane
- 1 skodelica narezanega rdečega zelja
- ½ žlice sojine omake
- 1 žlica limetinega soka
- 2 žlici sladkorja
- 1 žlica rastlinskega olja
- 1 žlica sveže naribanega ingverja
- 1 žlica sezamovega olja
- ščepec kosmičev rdeče paprike
- ½ skodelice arašidov, sesekljanih
- ¼ skodelice sveže sesekljanega cilantra
- 2 žlici sesekljane bazilike

NAVODILA:
a) Dodajte kvinojo, sol in vodo v instant lonec.
b) Zavarujte pokrov in izberite funkcijo »Ročno« z visokim pritiskom za 1 minuto.
c) Po pisku hitro sprostite in odstranite pokrov.
d) Medtem dodajte preostale sestavine v skledo in dobro premešajte.
e) Pripravljeni zmesi dodamo kuhano kvinojo in dobro premešamo.
f) Postrezite kot solato.

90.Limetin krompir

SESTAVINE:
- ½ žlice oljčnega olja
- 2 ½ srednje velika krompirja, oluščena in narezana na kocke
- 1 žlica svežega rožmarina, sesekljanega
- Sveže mleti črni poper po okusu
- ½ skodelice zelenjavne juhe
- 1 žlica svežega limoninega soka

NAVODILA:
a) V instant lonec dajte olje, krompir, poper in rožmarin.
b) Med stalnim mešanjem "dušite" 4 minute.
c) Dodajte vse preostale sestavine v instant lonec.
d) Pritrdite pokrov in za 6 minut izberite funkcijo »Ročno«. visok pritisk.
e) Po pisku hitro sprostite in nato odstranite pokrov.
f) Rahlo premešajte in postrezite toplo.

91. Jajčevci v azijskem slogu

SESTAVINE:
- 1 funt jajčevcev, narezanih
- 2 žlici sojine omake brez sladkorja
- 6 žlic sezamovega olja
- 1 žlica sezamovih semen za serviranje
- Sol in poper po okusu

NAVODILA:
a) Predgrejte svoj stroj Air Fryer na 185 stopinj F
b) Vse sestavine postavite v vakuumsko vrečko.
c) Vrečko zaprite, postavite v vodno kopel in nastavite časovnik na 50 minut.
d) Ko se čas izteče, jajčevce nekaj minut prepražimo v litoželezni ponvi.
e) Takoj postrezite posuto s sezamom.

92. Začinjen stročji fižol na kitajski način

SESTAVINE:
- 1 funt dolgega stročjega fižola
- 2 žlici čilijeve omake
- 2 stroka česna, nasekljana
- 1 žlica čebule v prahu
- 1 žlica sezamovega olja
- Sol po okusu
- 2 žlici sezamovih semen za serviranje

NAVODILA:
a) Predgrejte svoj stroj Air Fryer na 185 stopinj F.
b) Sestavine položite v vakuumsko vrečko.
c) Vrečko zaprite, postavite v vodno kopel in nastavite časovnik za 1 uro.
d) Fižol potresemo s sezamom in postrežemo.

93. Zeliščna mešanica jajčevcev in bučk

SESTAVINE:
- 1 jajčevec; grobo narezan na kocke
- 3 bučke; grobo narezan na kocke
- 2 žlici limoninega soka
- 1 čajna žlička timijana; posušeno
- Sol in črni poper po okusu
- 1 čajna žlička origana; posušeno
- 3 žlice oljčnega olja

NAVODILA:
a) Jajčevce dajte v posodo, ki ustreza vašemu cvrtniku, dodajte bučke, limonin sok, sol, poper, timijan, origano in olivno olje, premešajte, vstavite v cvrtnik in kuhajte pri 360 °F 8 minut
b) Razdelite na krožnike in takoj postrezite.

94.Kuhan Bok Choy

SESTAVINE:
- 1 strok česna, strt
- 1 šopek bok choya, obrezan
- 1 skodelico ali več vode
- Sol in poper po okusu

NAVODILA:
a) Dodajte vodo, česen in bok choy v instant lonec.
b) Zavarujte pokrov in izberite funkcijo »Ročno« za 7 minut z visokim pritiskom.
c) Po pisku hitro sprostite in odstranite pokrov.
d) Kuhan bok choy precedimo in prestavimo na krožnik.
e) Po vrhu potresemo nekaj soli in popra.
f) Postrezite.

SLADICA

95.Fruit Crumble

SESTAVINE:
- 1 srednje jabolko, na drobno narezano
- 1/2 skodelice zamrznjenih borovnic, jagod ali breskev
- 1/4 skodelice plus 1 žlica rjave riževe moke
- 2 žlici sladkorja
- 1/2 čajne žličke mletega cimeta
- 2 žlici nemlečnega masla

NAVODILA:
a) Predgrejte cvrtnik na 350 °F za 5 minut.
b) Zmešajte jabolko in zamrznjene borovnice v pekaču ali ramekinu, primernem za cvrtnik.
c) V majhni skledi zmešajte moko, sladkor, cimet in maslo. Sadje z žlico prelijemo z mešanico moke.
d) Čez vse potresemo še malo moke, da prekrijemo izpostavljeno sadje.
e) Kuhajte pri 350°F 15 minut.

96. Žepki iz sadnega peciva

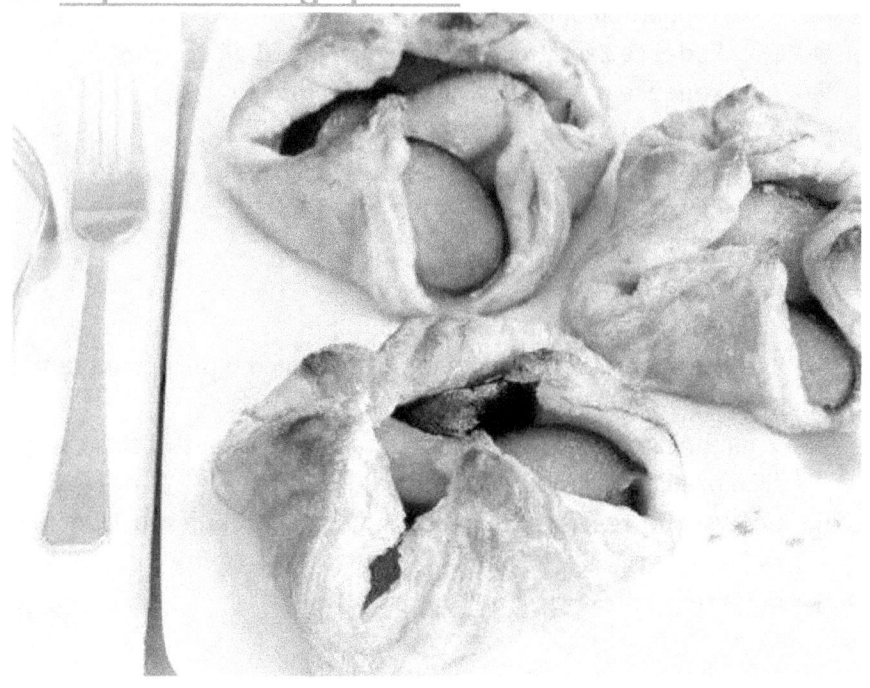

SESTAVINE:
- 4 unče veganskega polmesečnega testa za zvitke
- 1 žlica nebeljene večnamenske moke
- 6 unč svežih borovnic, jagod ali robid
- 1/2 čajne žličke granuliranega sladkorja
- 1/4 čajne žličke mletega kardamoma
- 1/4 čajne žličke mletega ingverja
- 1 čajna žlička sladkorja v prahu

NAVODILA:
a) Testo za polmesec razdelite na 4 enake dele. Potresite moko na delovno površino in kose testa razvaljajte na 5 x 5-palčne kose, po potrebi uporabite več moke, da se ne sprimejo.
b) V srednji skledi zmešajte borovnice, sladkor, kardamom in ingver.
c) Predgrejte cvrtnik na 360 °F za 4 minute. Na vsak kos testa nanesite približno 1/3 skodelice borovničeve mešanice. Vsak vogal zložite proti sredini.
d) Obdelajte robove testa, da zagotovite, da je zaprto; spominjal bo na žep. Kuhajte pri 360°F 6 do 7 minut ali do zlato rjave barve.
e) Pred serviranjem pecivo potresemo s sladkorjem v prahu.

97. Pečena jabolka

SESTAVINE:
- 1/2 skodelice ovsenih kosmičev
- 1 čajna žlička rjavega sladkorja
- 1 žlica nemlečnega masla, zmehčanega
- 1 žlica grobo sesekljanih pekan orehov
- 1 čajna žlička mletega cimeta
- 4 velika jabolka Granny Smith ali druga jabolka za peko brez sredice

NAVODILA:
a) Predgrejte cvrtnik na 360°F za 5 minut.
b) V majhni skledi zmešajte oves, rjavi sladkor, maslo, pekan orehe in cimet.
c) Z majhno žličko napolnite jabolka z ovseno mešanico. Kuhajte pri 360°F 20 do 25 minut.

98. Karameliziran preliv iz sadja in oreščkov

SESTAVINE:
- 1 čajna žlička sladkorja
- 1 čajna žlička svetlega agavinega sirupa
- 1 čajna žlička nemlečnega masla
- 1/2 skodelice grobo sesekljanih orehov
- 1/2 skodelice grobo sesekljanih pekanov
- 1/2 skodelice grobo sesekljanih suhih marelic, češenj, brusnic ali rozin
- 1/4 čajne žličke mletega cimeta

NAVODILA:
a) Zmešajte sladkor, agavin sirup in maslo v pekaču, primernem za cvrtnik.
b) Ponev segrevajte v cvrtniku za 2 minuti pri 360 °F. Odstranite iz cvrtnika.
c) Dodajte orehe, pekanove orehe, marelice in cimet. Premešajte na plašč. Ponev vrnite v košaro cvrtnika.
d) Kuhajte pri 390 °F 5 minut, mešajte 3 minute.

99. Ocvrti ingverji

SESTAVINE:
- 3/4 skodelice veganske instant mešanice za palačinke
- 2/3 skodelice vode
- 1/4 skodelice sojine moke
- 1/8 čajne žličke vanilijevega ekstrakta
- 1/2 čajne žličke sladkorja
- 8 Newman's Own Ginger-O's sendvič piškoti

NAVODILA:
a) Predgrejte cvrtnik na 390 °F za 5 minut. Na košaro cvrtnika položite kos pergamentnega papirja; le toliko, da pokrije dno in brez izpostavljenega odvečnega.
b) V veliki skledi zmešajte mešanico za palačinke, vodo, sojino moko, vanilijo in sladkor ter dobro premešajte.
c) Piškote enega za drugim s prijemalkami pomakajte v maso. Stresite odvečno maso in piškote prenesite v košaro cvrtnika. Morda boste morali to narediti v serijah glede na velikost vašega cvrtnika.
d) Kuhajte pri 390°F 5 minut. Piškote obrnite in odstranite pergamentni papir. Kuhajte še 2 do 3 minute. Piškoti so pečeni, ko so zlato rjavi.

100.Jabolčna pita Taquitos

SESTAVINE:
- 2 do 3 brizgi repičnega olja
- 1/4 skodelice nadeva za jabolčno pito ali krhko jabolčno omako (sledi)
- 2 (6-palčni) koruzni tortilji
- 1 čajna žlička mletega cimeta, razdeljena

NAVODILA:
a) Košaro cvrtnika poškropite z oljem.
b) Na 1 tortiljo namažite 2 žlici nadeva za pito. Tortiljo zvijte in jo položite v košarico cvrtnika.
c) Ponovite ta postopek, da ustvarite drugi taquito. Na vrh tortilj poškropite še olje. Po taquitosu potresemo 1/2 čajne žličke cimeta.
d) Kuhajte pri 390°F 4 minute. Taquitos obrnite, čez taquitos potresite preostalo 1/2 žličke cimeta in kuhajte še 1 minuto.

ZAKLJUČEK

Ko zaključujemo naše čudovito popotovanje po «Najboljša veganska kuharska knjiga za cvrtnike» upamo, da ste izkusili veselje ustvarjanja hitrih in enostavnih, zdravih veganskih obrokov s priročnostjo vašega cvrtnika. Vsak recept na teh straneh je praznovanje rastlinske dobrote, učinkovitosti in okusnih možnosti, ki jih cvrtnik prinaša v vašo kuhinjo – dokaz zdravju prijaznih in okusnih užitkov veganskega kuhanja.

Ne glede na to, ali ste uživali v preprostosti na zraku ocvrte zelenjave, sprejeli inovativnost rastlinskih hamburgerjev ali se razveselili brezhibnih na zraku ocvrtih sladic, verjamemo, da so ti recepti podžgali vašo strast do veganske kuhinje, ocvrte na zraku. Poleg sestavin in tehnik naj koncept vrhunske kuharske knjige o veganskem cvrtniku postane vir navdiha, učinkovitosti in praznovanja veselja, ki ga prinaša vsaka hranljiva in okusna stvaritev.

Medtem ko boste še naprej raziskovali svet veganske kuharije na zraku, naj bo "Najboljša veganska kuharska knjiga za cvrtnike" vaš zaupanja vreden spremljevalec, ki vas bo vodil skozi različne recepte, ki prikazujejo preprostost in koristnost rastlinske kuhinje. Tukaj je, da uživate v hitrih in preprostih, zdravih veganskih obrokih, ustvarjate kulinarične mojstrovine in sprejemate okusnost, ki prihaja z vsakim na zraku ocvrtim užitkom. Dober tek!

www.ingramcontent.com/pod-product-compliance
Lightning Source LLC
LaVergne TN
LVHW021709060526
838200LV00050B/2571